〈海賊版〉の思想

18世紀英国の永久コピーライト闘争

山田奨治

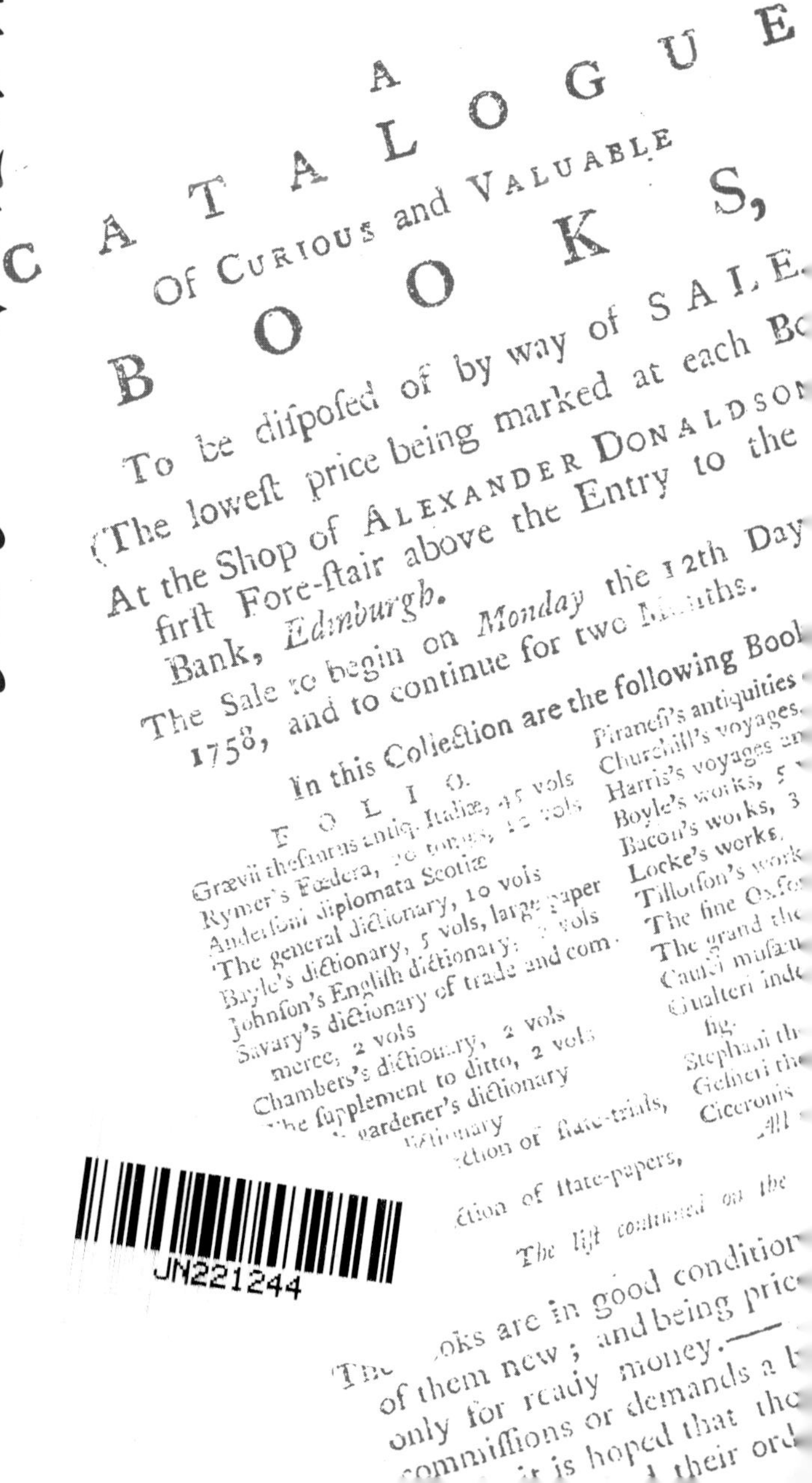
A CATALOGUE
OF CURIOUS and VALUABLE
BOOKS,
To be diſpoſed of by way of SALE,
(The loweſt price being marked at each Bo
At the Shop of ALEXANDER DONALDSON
firſt Fore-ſtair above the Entry to the
Bank, *Edinburgh.*
The Sale to begin on *Monday* the 12th Day
1758, and to continue for two Months.
In this Collection are the following Book
FOLIO.
Grævii theſaurus antiq. Italiæ, 45 vols
Rymer's Fœdera, 20 tomes, 10 vols
Anderſoni diplomata Scotiæ
The general dictionary, 10 vols
Bayle's dictionary, 5 vols, large paper
Johnſon's Engliſh dictionary, 2 vols
Savary's dictionary of trade and commerce, 2 vols
Chambers's dictionary, 2 vols
The ſupplement to ditto, 2 vols
gardener's dictionary
ction of ſtate-trials,
ction of ſtate-papers,
Piraneſi's antiquities
Churchill's voyages
Harris's voyages
Boyle's works, 5
Bacon's works, 3
Locke's works.
Tillotſon's work
The fine Oxfo
The grand the
Cauſei muſæu
Gualteri inde
fig.
Stephani the
Geſneri the
Ciceronis
The liſt continued on the
The books are in good conditio
of them new; and being pric
only for ready money.——
commiſſions or demands a
it is hoped that the

皓星社

装　丁　藤巻亮一

カバー装画　ラムジーの最初の貸本屋
（Chalmers and Woodhouselee 1851, vol.3）
ドナルドソン書店のカタログ
（一七五八年、スコットランド国立図書館所蔵）

表紙装画　エジンバラのドナルドソン書店（Skinner 1928）

新版　海賊版の思想＊目次

主な登場人物

エジンバラの「海賊」書店主・出版者

ドナルドソン（アレクサンダー）　スコットランド生まれ。エジンバラの書店主。コピーライトが切れた本を印刷してロンドンで売る。ミラーやベケットらロンドンの独占書店主から「海賊」出版者だと訴えられ、息子のジェームズとともに永久コピーライトをめぐる裁判を闘う。（12頁、写真０．１）

ドナルドソン（ジェームズ）　アレクサンダーの息子。父の事業を継ぎ、莫大な財産を遺す。（13頁、写真０．２）

ロンドンの独占的書店主・出版者

ミラー　スコットランド生まれ。ロンドンの独占大書店主。永久コピーライトを主張して本の販売を独占しつづけようとした書店主グループのリーダー。

ベケット　ロンドンの大書店主。ミラーの死後に永久コピーライト裁判を引き継ぎ、ドナルドソンと闘う。

キャデル　イングランド生まれ。ミラーの徒弟で、親方の死後に書店を引き継ぐ。ベケットらとともに永久コピーライトを願っていた。

ストラーン　スコットランド生まれ。ロンドンの書店主。ミラー、ベケット、キャデルとは盟友。ウェダーバーンとはエジンバラ時代から旧知の仲。

「海賊」側の法律家

カムデン卿　ロンドン生まれ。元大法官（上院議長）で民衆派の法律家。マンスフィールド卿の生涯のライバルで、永久コピーライトをめぐる裁判の行方を決定づける。（105頁、写真３．１）

サーロー　イングランド生まれ。色黒で威厳に満ち、明晰な頭脳をもつ法律家。永久コピーライトに反対して、ドナルドソンを弁護する。ウェダーバーンのライバルで、ダニングは学生時代からの親友。のちに大法官に出世する。（81頁、写真2．2）

独占側の法律家

マンスフィールド卿　スコットランド生まれのロンドン育ち。王座裁判所主任裁判官として永年君臨する。法曹界きっての切れ者で国王派。カムデン卿の生涯のライバル。自らが担当した裁判で永久コピーライトを認める判決を下す。（83頁、写真2．3）

ウェダーバーン　スコットランド生まれ。エジンバラで法律を学んだが、仲間からいじめられて旧知のストラーンを頼ってロンドンへ行く。英語の発音矯正に取り組むも、お国なまりが抜けないことをロンドンの貴族たちからばかにされる。サーローのライバルで、出世競争ではいつも後塵を拝するが、最後には大法官になる。永久コピーライトに賛成して、ベケットらを弁護する。（75頁、写真2．1）

ダニング　イングランド生まれ。デヴォン地方のなまりで話す小柄な醜男だが、演説には華がある。永久コピーライトを支持してベケットらを弁護するが、サーローとは学生時代からの親友同士で、カムデン卿からは重要ポストに推薦されるなど信頼されていた。

ブラックストン　ロンドン生まれ。その名は夏目漱石の『吾輩は猫である』にも登場する。著著の『イギリス法釈義』は、教科書として永く使われる。「コピーライト」の語を法律書に書いた最初の人物。キャデル書店からの出版物もある。痛風もち。

文化人

ラムジー（アラン、詩人・貸本屋）　スコットランド生まれ。エジンバラでかつら職人から詩人・貸本屋になる。

ロンドンの先進的・退廃的な文化をエジンバラに持ち込み、当局からにらまれる。最後は劇場経営に失敗して引退。（195頁、写真4．8）

ラムジー（アラン、画家）　スコットランド生まれ。詩人・貸本屋ラムジーの息子。一八世紀イギリスを代表する宮廷肖像画家。一〇代にして父の名代としてロンドンに赴き、ミラーと出版交渉をした経験をもつ。スコットランド知識人のネットワークを作り、ウェダーバーン、ジョンソン、ボズウェルとも交遊があった。（177頁、写真4．2）

ジョンソン　イングランド生まれ。一八世紀イギリスを代表する文人。世界初の『英語辞典』をミラー書店から出版し、ミラーを大いに儲けさせる。機知に富んだ数々の語録が、弟子のボズウェルによって記録されている。

ボズウェル　スコットランド生まれ。法律家にしてジョンソンの弟子。『サミュエル・ジョンソン伝』の著者。同書にはジョンソンの交遊関係のほか、一八世紀イギリス社会が活写されている。エジンバラで画家ラムジー、ウェダーバーンと交わる。じつはドナルドソン書店の常連客で彼の弁護人にもなる。

凡例

本書でいう「英国」「イギリス」は、「イングランド」「スコットランド」を含む「連合王国」を指す。
イギリス議会の House of Lords は、「貴族院」と訳すことが少なくないが、本書では「上院」で統一した。
訳文中の〔　〕は本書著者による補註を意味する。

新版 〈海賊版〉の思想

18世紀英国の永久コピーライト闘争

人生の夢も奢侈贅沢の為に歪み、現状に
飽き足らず、悲嘆昂じて狂気に至るか、
黙りこくって、泣きの涙で暮らすかである。
これらの心情、多くの入り交じった心情が、
絶えず移り変わる善悪の観念に左右され、
多種多様な様相を帯び、終わりなき
嵐となって、精神を苦しめる。すると、そこから、
根深い自分本位の考え方、他人の事等
意に介さない、冷たく、薄情な態度が生まれ、
更には、敵対感情、憎悪、陰湿なる手練手管、
卑怯な欺き、残忍な暴力がある。
遂には、あらゆる社会道徳が失われ、
世の中に極悪非道がまかり通り、
人を木石にする。
（ジェームズ・トムソン『四季』「春」より、林瑛二訳）

はじめに

――コピーライトは、永久ではない。

一七七四年二月二十二日、いまのロンドンにあるウェストミンスター宮殿でのことである。中世に建てられた木造の巨大なホールが、色とりどりの帽子や衣裳をまとった紳士淑女で埋め尽くされた。傍聴席には著名な作家や文化人の姿もある。ホールには異様な熱気がただよっている。

この日、歴史的な裁判が決着した。「永久コピーライト」をめぐる、「ドナルドソン対ベケット裁判」の上院判決である。

裁判を闘ったのは、スコットランドの首都エジンバラの「海賊出版者」親子で、名前をアレクサンダー・ドナルドソン（一七二七？―一七九四）、息子のほうはジェームズ・ドナルドソン（一七五一―一八三〇）といった。彼らの敵は、トーマス・ベケット（生没年不詳）ら一五名で、みなロンドンの独占的な大書店主だった。

ドナルドソンとベケットたちは、スコットランド生まれの詩人ジェームズ・トムソン（一七〇〇―四八）の詩集『四季』のコピーライトをめぐって争っていた。ドナルドソンは、『四季』のコピーラ

写真 0.1　アレクサンダー・ドナルドソン
（出典：Skinner 1928）

イトは切れているので誰が出版しようと自由だといい、ベケットたちは、コピーライトは永久に自分たちのものだと主張していた。

ここまで読んだ読者は、なぜ「著作権」ではなく英語の「コピーライト」と書いているのかと疑問を抱くだろう。現代の日本では、コピーライトを著作権と訳しているくらいなので、両者を区別していない。しかし実は、財産権を重視する英米法のコピーライトと、人格権の要素が強い大陸法のオーサーズライトとは、歴史的に異なる発展をとげたものだった。著作権を保護するベルヌ条約が一八八七年に発効してからは、コピーライトとオーサーズライトの違いを不問にしつつ、著作物の権利を国際的に調和させる努力がつづけられている。

日本では、福澤諭吉（一八三五—一九〇一）が『西洋事情外編』（一八六七）で、英米法のコピーライトを「蔵版の免許」と紹介したものの、一八九九年に制定された旧著作権法は、大陸法をベースにしたものになった。日本の著作権は英米のコピーライトとは性格がやや異なる。したがって、本書で扱うことを「著作権」と書いてしまうと、思わぬ誤解が生じる恐れがある。本書は、あくまでも一八世紀のイギリスでの「コピーライト」をめぐる論争を書いている。

一八世紀のイングランドには、世界最初のコピーライト法とされている「印刷された本の著作者または購入者にそのコピーを定められた期間帰属させることによって学問を振興する法律」（一七一〇年施行）があった。アン女王（一六六五—一七一四、在位一七〇二—一七一四）の時代に作られた法律なので、通称「アン法」ともいう。

人気のある本を物価の安いエジンバラで印刷してロンドンに持ち込み、安い値段で売りさばくのが、ドナルドソンの商売だ。彼が売っていた本は、「アン法」で定められた保護期間を過ぎたものだった。ところが、ロンドンの書店主たちは、独占的なカルテルを結んで、おたがいに認め合った印刷・出版権を犯さないようにしながら、本の値段を高く保っていた。そして彼らは、ドナルドソンの廉価本を「海賊版」だと糾弾した。

「ドナルドソン対ベケット裁判」の結果、コピーライトは永久ではなく、期限つきの権利だという原則ができあがった。この原則は、いまの世界にあまねく広がっている。だから、この裁判が大事なのだ。

写真 0.2　ジェームズ・ドナルドソン
（出典：Montgomery 1997）

上院の判決は、「海賊出版者」のほうに軍配をあげた。コピーライトが切れた本は自由にコピーを作ることができる。その本の印刷・出版権をもっていた本屋になんの気がねもなく、誰が廉価本を作って売ってもかまわないと認められたわけだ。

上院は二〇〇九年までイギリスの最高裁判所だった。永久コピーライトを退けたことで、「海賊」という不正義を、司法が認めたのだろうか?

そこで問題になるのは、「海賊」とは何かである。

正しい意味での「海賊行為」とは、法令で守られている作品を、ほかの誰かが勝手に出版することをいう。しかし、権利者というものは往々にして、既得権をおびやかすことすべてに「海賊」の汚名を着せる。それが本当に違法行為かどうかを、真剣に吟味しないこともある。「海賊」という非難は、既得権を守るための政治スローガンでもある。

本とは、高貴な精神をもつ著者の努力が込められたものなのだから、その出版権を永久に認めることが著者の人権を守ることになるというのが、ロンドンの独占的な書店主たちのいいぶんだった。一方、ドナルドソンは、天賦の才を独占することこそ人権の侵害だといった。

こういった論理の狡猾さは、いうまでもない。著作権やコピーライトを守ることは、人権を守ることだというひとが、いまでも少なくない。とくに日本法では著作者人格権が強いので、こういういい方がよくある。著者の人権を盾に、著者ではない者が自分たちの利益を守る――「ドナルドソン対ベケット裁判」から二五〇年が過ぎたいまでも、おなじ論法は生きている。だが、本の出版を永久に独占することが、社会にとってよいことなのかということもまた、問われなければならない。

新しい文化は、過去の文化を発展させながら創られる。世間に広まってからかなりの年数がたち、社会に浸透し切った作品に、いつまでも所有権があるのはおかしい。ある年数がたった作品は、空気のように誰でも自由に使えなくてはならない。共有の文化がなければ、創作活動がとても窮屈になってしまう。ドナルドソンは、まさにその点を突いた。

もしもである。「ドナルドソン対ベケット裁判」にベケットが勝ち、コピーライトは永久だということになっていたとしたら、いまの文化はどのようになっていただろうか。儲けのあるほんのひと握りのコンテンツだけが流通し、それも値段がずっと高いものになっていたろう。権利者がわからない作品や、売上が見込めない昔の作品は、ほとんどが再び世に出ることなく死蔵されていただろう。美術全集のようなものは、権利処理に費用がかかりすぎて、いまの数倍の値段になっていたに違いない。古典演劇の上演もない。クラッシック専門のオーケストラは、経営が成り立たない。昔の名作映画の格安DVDや無料配信もない。近代文学などの電子ファイルをインターネットで公開している「青空文庫」のようなものは、もちろんあり得ない。

一八世紀にイギリス上院が出した判決の意味は重い。作品を永久に独占することは許されず、作者が亡くなってからある年数が過ぎれば、誰でもコピーを作って売ることができる――既得権者がもっとも嫌う、こういった原則が認められたのだ。

「永久コピーライト」が認められなかったせいで、作者の人権はないがしろにされたのだろうか？

それはまったく逆だと、わたしは考える。権利がつづく期間を作者の寿命と関連づけることで、作品が作者のものであることが、逆にきわだってくる。コピーライトはいつか切れるという原則によって、作者の生命・人権と作品とのつながりが守られたのだ――皮肉にもそれを成し遂げたのが、「海賊」という汚名を着せられた側だった。

「海賊出版者」ドナルドソンが闘わなくてはならなかった理由は、どこにあったのだろうか？　ロンドンから遠く離れたスコットランドという辺境の書店主が、なぜ立ち上がったのだろうか？　一八世紀のスコットランドでは、いったい何が起こっていたのだろうか？「ドナルドソン対ベケット裁判」は、現代のわたしたちに何を教えてくれるのだろうか？

国家の統合による摩擦、弱肉強食の文化搾取、業界の先発組と後発組、貴族の覇権争い、法律家どうしの遺恨とメンツ――「永久コピーライト」を賭けた闘いの裏には、複雑にからみあった人間模様がある。

著作権やコピーライトはいつか切れて、作品は共有のものになるという考え方――これが相継ぐ保護期間の延長でなし崩しにされてきた。知的財産権を強力にし、それで産業を盛んにしようという動きも、ほとんど無批判に進められてきた。そういう歴史にわたしたちはどう向き合えばよいのか、どういう未来を構想すべきなのか、その答えをみつける鍵をこの本のなかで探っていきたい。(1)

第1章　本の「海賊」と独占

「海賊」出版者ドナルドソン

エジンバラの書店主アレクサンダー・ドナルドソンのことは、『一七二六年から一七七五年のイングランド・スコットランド・アイルランドにおける印刷業者と書店主の辞典』（一九三二、以後『書店主辞典』と略す）[2]という長い題の本で、このように紹介されている。

一七五〇—六三年までエジンバラの書店主。ロンドンでは（一）一七六三—七三年まで、兄弟のジョンと共同の店をストランドのノーフォーク通りとアランデル通りのあいだに、（二）一七七三—八八年ころまで彼自身の店をセント・ポール教会広場四八番地にもった。彼は本の安いリプリント販売ですぐに知られるようになった。それらの本は彼の考えではコピーライトが切れていたが、彼の行為は同業者のあいだの礼儀としてのコピーライトを無視したものだった。彼は相場よりも三—五割も安く本を売ることを自慢にしていた。[3]

時代背景を説明しておかないと、わかりにくいだろう。いまでは本の製作・流通・販売は分業化されている。出版社が本を企画・製作し、印刷会社が印刷し、取次が本の流通をまかない、書店が小売りをする。一八世紀イギリスの大書店主は、本の企画・製作・印刷・流通・販売のすべてにかかわっていた。だから当時の書店のことを、町に店をかまえる本屋のイメージだけでみてはいけない。そのころの書店主は、出版文化の総合プロデューサーだった。

アレクサンダーの幼少期のことは記録がない。父のジェームズ（一六九四？―一七五四）は織工で、一七二四年三月二十五日にエジンバラの正市民になり、二六年から二七年まで市の収入役をつとめた。ジェームズのことも、これくらいしかわからない。

書店主になった一七五〇年に、アレクサンダーはエジンバラの正市民になった。五一年にアンナ・マーシャル（？―一七九二）という女性と結婚し、三人の息子が生まれる。結婚した年に生まれた長男は、祖父の名をとってジェームズと名づけられた。ジェームズは父とともに永久コピーライトをめぐる裁判を闘い、父の引退後は家業を継ぐ。あとのふたりの息子、マーシャルとアンドリューは、天然痘のため四歳で亡くなっている(4)。

エジンバラ城とホリルード宮殿を結ぶハイストリートの南側に、ドナルドソン書店はあった（写真1.1）。すぐ近くには、スコットランド長老派教会の拠点セント・ジャイルズ大聖堂がある。印刷所のほうは、エジンバラ城のある丘を南へ少し下った、ウェスト・ボウという場所にあった（写真1.2）。

アレクサンダーが発行していた「エジンバラ・アドバタイザー」という新聞を印刷していたのも、長男のジェームズが生まれたのも、ウェスト・ボウだった。そこは彼らにちなんで、ドナルドソンズ小路と呼ばれていた。

印刷所から坂をさらに下ると、グラス・マーケットという広場に出る。そこには処刑場があった。ときおりひびきわたる処刑者の叫びや群衆の喧噪の間近で、ドナルドソンは活動していた。

ウェスト・ボウは、幽霊が出る場所としても知られている。そこには、トーマス・ウィアー少佐（一五九九―一六七〇）という「魔女」が住んでいた。「魔女」といっても男だ。彼は絞首刑になったうえに火あぶりされた。それからというもの、魔王の馬車に乗ったウィアーの幽霊が出るようになったという。一七七〇年代にある軍人がウィアーの家に引っ越したが、一晩で逃げ出したそうだ。[5] エジンバラのそんな怪しげな一角が、ドナルドソンの活動拠点だった。

アレクサンダー・ドナルドソンのひととなりがわかる史料は、ほとんどない。ロンドンの書店主たちと繰り広げた闘いの跡をみれば、執念深い闘争心の持ち主だったことは確かだ。都合のいいように法を解釈して、著者のためとうそぶきながら、彼らから搾取する――ロンドンの書店主たちの、そんなやり方はゆるせないという義侠心はあった。役に立つ本を、安い値段で世に広めたいという、純粋な気持ちもあった。しかし、それだけではない。ドナルドソンは商人である。そこに利があったからこそ、彼は真剣だった。

日本でいうなら、近江商人に似た気概を、ドナルドソンはもっていた。近江商人の教えに、「三方よし」がある。「三方よし」とは、売る側がしっかり利益を得る「売り手よし」、お客が喜ぶ「買い手よし」、そして商いで文化・社会に貢献する「世間よし」をいう。物価の安いエジンバラで本を作れば、利ざやが広がり「売り手よし」だ。安く本が買えたら「買い手よし」、それで知識があまねく広がれば「世間よし」になる。

ドナルドソンは、ロンドンの書店が権利をもつ本を、エジンバラで堂々と売ることができた。イングランドとスコットランドは法律が別で、イングランドのコピーライト法の「アン法」は、スコットランドでは効力をもたなかったからだ。一方、ドナルドソンがロンドン支店で売った本は、すべてコピーライトが切れたものばかりだった。つまり、法に触れることを彼は何ひとつしていない。だから、ドナルドソンの出版物を「海賊版」と呼ぶのは、まちがっている。

ドナルドソンは、一七五一年から五八年まで、アレクサンダー・キンケイ（一七一一―七七）という、当時エジンバラでもっとも有名だった書店主と提携していた。キンケイとドナルドソンは、スコットランド人が書いた哲学や医学の本を中心に出版していた。哲学者デビッド・ヒューム（一七一一―七六）の一七五三年から八四年までに出版された重要な著作に、出版者としてドナルドソンの名前が出ている。

一七六三年にドナルドソンはロンドンに進出し、一大繁華街だったストランドのノーフォーク通りとアランデル通りのあいだに書店を構えた。エジンバラの書店と印刷所は、主がいなくなってもその

写真 1.1　エジンバラのドナルドソン書店（出典：Skinner 1928）

写真 1.2　エジンバラのウェスト・ボウ（2003 年著者撮影）

まま営業をつづけた。

アレクサンダーにはジョン（一七三〇?―一八〇?）という兄がいて、ロンドン出店のさいにジョンは本の印刷を手伝った。ドナルドソン一族についての資料集『スコットランド出版界の傑出した一族』（一九二八）には、ジョンのことがこのように書かれてある。

アレクサンダーとジョンの兄弟は、ロンドン・ストランド・アランデル通り角での書店業でパートナーの関係にあった。しかし、そのパートナーシップは、一七七三年六月二十四日に解消された。アレクサンダーはセント・ポール教会広場四八番地へ引っ越し、ジョンはアランデル通りに残った。その年の暮れの十二月二十四日にジョンは広告を出し、決して自分は引っ越すつもりはないこと、「ほかの店には関心がない」ことを宣言した。(6)

上院での「ドナルドソン対ベケット裁判」の前年に、兄弟は仲違いをしていたのだ。文中にあるクリスマス・イブの広告の真意はよくわからない。アレクサンダーが引っ越した先のセント・ポール教会広場は、独占業者がひしめくロンドン一の書店街だった。そこで堂々と「海賊版」を売りはじめたわけだ。「ほかの店には関心がない」とは、アレクサンダーの無謀ともいえる挑戦にこれ以上巻き込まれたくないという、ジョンの意思表示なのだろうか。この兄弟の関係についてはあまりに資料が少なく、確かなことは何もわからない。

ドナルドソン書店のカタログ

エジンバラにある国立スコットランド図書館に、ドナルドソン書店エジンバラ店のカタログが残されている。カタログは四種類で、一七五八年、六〇年、六二年、六五年版である(7)（写真1・3）。ドナルドソンがロンドンに進出した前後に、エジンバラでどのような本を売っていたかの貴重な記録である。

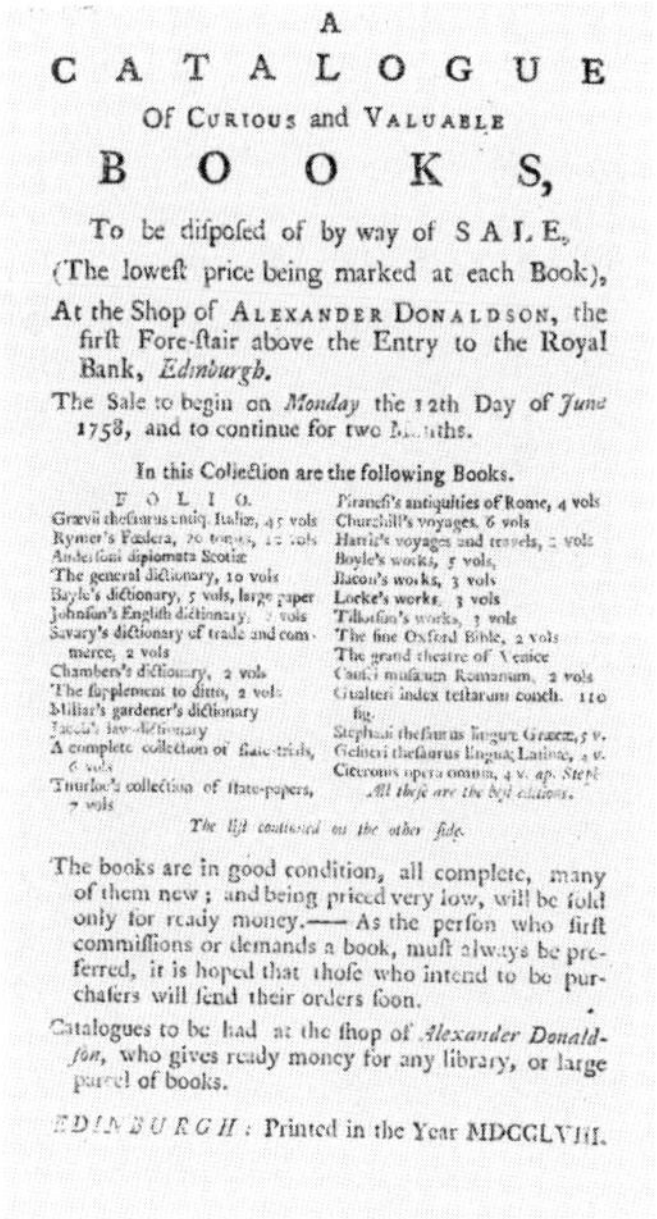

A
CATALOGUE
Of Curious and Valuable
BOOKS,
To be disposed of by way of SALE,
(The lowest price being marked at each Book),
At the Shop of ALEXANDER DONALDSON, the first Fore-stair above the Entry to the Royal Bank, *Edinburgh*.
The Sale to begin on *Monday* the 12th Day of *June* 1758, and to continue for two Months.

In this Collection are the following Books.

FOLIO.
Grævii thesaurus antiq. Italiæ, 45 vols
Rymer's Fœdera, 20 [illegible], [illegible] vols
Andersoni diplomata Scotiæ
The general dictionary, 10 vols
Bayle's dictionary, 5 vols, large paper
Johnson's English dictionary, [illegible] vols
Savary's dictionary of trade and commerce, 2 vols
Chambers's dictionary, 2 vols
The supplement to ditto, 2 vols
Miller's gardener's dictionary
[illegible] law-dictionary
A complete collection of state-trials, 6 vols
Thurloe's collection of state-papers, 7 vols
Piranesi's antiquities of Rome, 4 vols
Churchill's voyages, 6 vols
Harris's voyages and travels, [illegible] vols
Boyle's works, 5 vols,
Bacon's works, 3 vols
Locke's works, 3 vols
Tillotson's works, 3 vols
The fine Oxford Bible, 2 vols
The grand theatre of Venice
[illegible] musæum Romanum, 2 vols
Gualteri index testarum conch. 110 fig.
Stephani thesaurus linguæ Græcæ, 5 v.
Gesneri thesaurus linguæ Latinæ, 4 v.
Ciceronis opera omnia, 4 v. *ap. Steph.*
All these are the best editions.

The list continued on the other side.

The books are in good condition, all complete, many of them new; and being priced very low, will be sold only for ready money.—— As the person who first commissions or demands a book, must always be preferred, it is hoped that those who intend to be purchasers will send their orders soon.
Catalogues to be had at the shop of *Alexander Donaldson*, who gives ready money for any library, or large parcel of books.

EDINBURGH: Printed in the Year MDCCLVIII.

写真1.3　ドナルドソン書店のカタログ
（1758、スコットランド国立図書館所蔵）

　カタログによると、彼の書店で販売していたタイトルは一五〇〇種類くらいだった。ただし、ドナルドソンがロンドンに出店する前年にあたる一七六二年だけ、二〇〇〇種類を越えている。判型は二折から十二折までである。「折」

とは一枚の印刷用紙をいくつに折ったサイズの本なのかをあらわしている。(8) その年は、八折判（octavo, 二四×一六センチ程度）や十二折判（duodecimo, 一八×一一・五センチ程度）といった、標準的か小さめの本が多くなっていて、それが全体のタイトル数を押し上げていることがわかる（図1．1）。

図1．2は、ドナルドソン書店エジンバラ店で売られていた本の、初版地の割合を示している。これもカタログを分析して得た結果だ。ただし、これらのすべてをドナルドソンが印刷していたのか、よそで刷られたものを売っていたのかは、カタログからはわからない。だが、これらすべてをドナルドソンが印刷していたとは考えにくい。

図をみると、一七五八年から六二年にかけて、ロンドンの本が次第に増えていった様子がよくわかる。ロンドンの本とエジンバラの本の割合でみれば、ドナルドソン書店の主力商品は、初版がロンドンの本だったといえる。ちなみに、「その他」の本の出版地には、グラスゴー、ケンブリッジ、アムステルダム、パリといった都市がみられる。

また、四冊のカタログの冒頭には、「本の状態は良好。すべて完全版で新品多数。価格は超特価。現金販売のみ」といったことが書かれてある。ロンドンの独占書店主から仕入れた本を、エジンバラまで運んで安売りができるはずはない。ドナルドソン書店エジンバラ店のカタログにあるロンドン初版本は、ほとんどすべて「海賊版」だったとみてよいだろう。

さて、肝心なのは出版されていた本のタイトルである。本書の内容に関係のある本をカタログのう

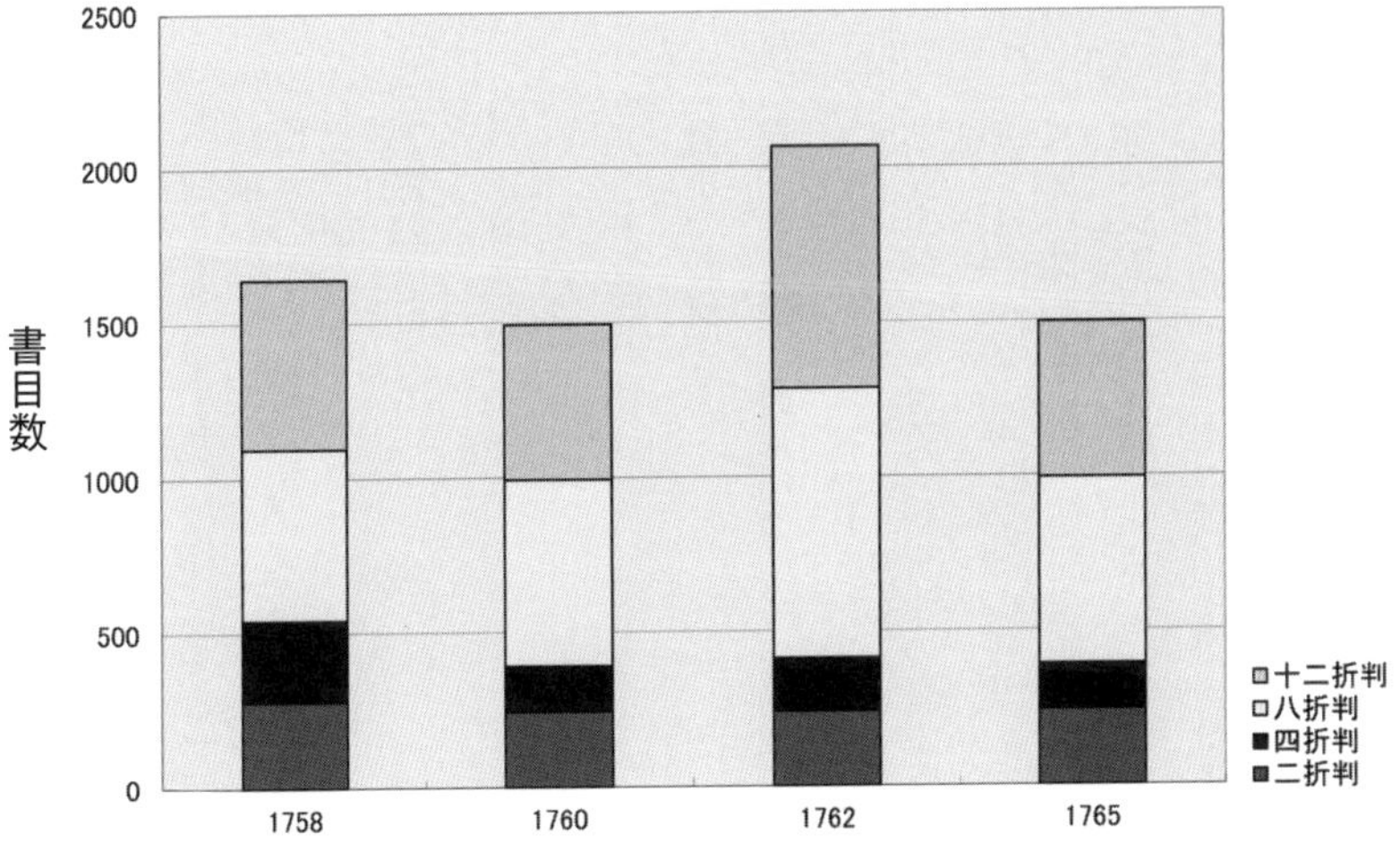

図1．1　ドナルドソン書店カタログの分析（判型別）

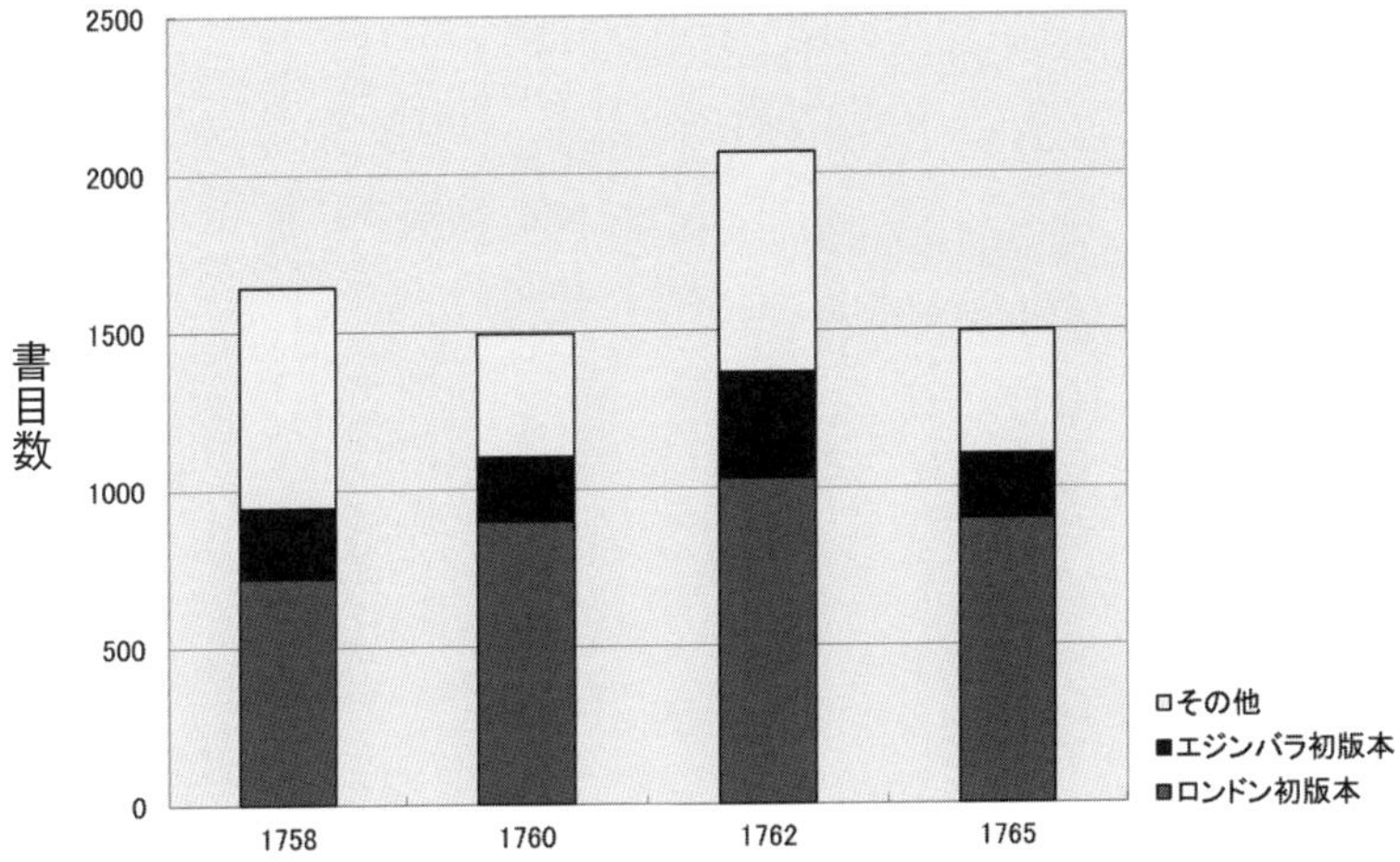

図1．2　ドナルドソン書店カタログの分析（初版地別）

えで追ったところ、ジョン・ミルトン（一六〇八―七四）の『失楽園』（一六六七）、ジョン・ロック（一六三二―一七〇四）やヒュームの著作、第4章で紹介するアラン・ラムジー（一六八六―一七五八）の詩集、サミュエル・ジョンソン（一七〇九―八四）の『英語辞典』（一七五五）、新聞の「スペクテイター」などがある。

一七六二年のカタログには、二四冊の「新刊」広告が載っている。タイトルを拾ってみると、ざっとこんな具合になる。

『フィンガル』
『アベルの死』
『農学の新研究』
『農夫の実際　農業についての論文集』アークランドのロバート・マクスウェル編
『ブキャナンのスコットランド史　新編』
『リビーのローマ史　ローマの誕生から』
『D・ヒュームのイングランド史　ユリウス・カエサルからヘンリー七世まで』
『スウィフト著作集　新完全版』
『ラムジーの常緑樹　一六〇〇年以前に作られたスコットランドの詩の集成』
『ホイッツビー博士の新約聖書の賛美歌と注釈』
『ドッドリッジ博士の宗教の誕生と進歩』

『ドッドリッジ博士の若いひとへの説教』
『ゴグエットの法、芸術、科学の起源』
『若い女性への教え』
『トムソンの四季　新版』
『ラムジーの茶の間の愛唱詩集　スコットランド語と英語の詩の集成』
『M・ダルネイのローマ人の私生活』

このように、大半は古典や宗教の堅い本である。大切なことは、「ドナルドソン対ベケット裁判」で争われたトムソンの『四季』が、ここに登場していることである。『四季』のドナルドソン版は、一七六〇年のカタログにすでにみられる。あとでみるように、一七六〇年にロンドンでこの『四季』のコピーライトをめぐる「ミラー対テイラー裁判」がたけなわだったことを考えると、ドナルドソンに挑戦的な意図があったことはあきらかだ。また、書店では本だけでなく、天体儀や望遠鏡といった科学用品も売られていた。一七六五年のカタログには、こんな広告もある。

A・ドナルドソンの店では天体儀も取扱い中。直径九インチと一二インチ。『技芸と科学の事典』の著者ベンジャミン・マーチンの作。同作者の望遠鏡は、七シリングから五ギニーで各種サイズを取りそろえ中。

啓蒙期のスコットランドでは、人文学と科学は対立するものではなかったのだ。知識を求める大衆のために、書店は本のほかにもいろいろな道具を売っていた。当時の書店がはたしていた役割がうかがえる。

話は横道にそれるが、エジンバラの書店は大学の講義チケットも売っていた。学生は授業の最初の日に教授に報酬をわたすか、あるいは書店で講義チケットを買う必要があった。教授には講義に集まる学生数に応じた収入があり、また書店から大学教授に授業料が流れる仕組みがあったのだ。一八世紀エジンバラの書店がもっていた役割は、じつに多様だった。

ロンドンに出てすぐの一七六四年一月三日に、ドナルドソンは「エジンバラ・アドバタイザー」という新聞を創刊した。この新聞は毎週火曜日と金曜日にロンドンとエジンバラで発行された。ベケットたちとの裁判がはじまる直前の一七七三年十二月三十一日まで、アレクサンダー自身が編集した。その後は息子のジェームズが編集長になり、一八二〇年にジェームズが引退するまで「エジンバラ・アドバタイザー」はつづいた。

そのころのロンドン・エジンバラ間の物流について、アダム・スミス（一七二三―九〇）は『国富論』（一七七六）に「二人の御者が乗り、八頭の馬が引く広輪の馬車は、ロンドンとエディンバラとの間を、四トン近い品物を積んで約六週間で往復する」(9)（杉山忠平訳、以後も同様）と書いている。

ブリテン島での陸上輸送は、とても便利になっていた。一七二〇年からの五〇年間で、ターンパイクという有料道路が網の目のように作られた。駅馬車がロンドンからエジンバラまで走るのにかかった時間でみると、一七〇〇年には二五六時間、一七五〇年には一五〇時間、一八〇〇年には六〇時間にまで短縮した。(10)

本のような重たい荷物を運ぶときは、主に船を使った。ロンドンとエジンバラ近くのリース港間の海上輸送を使うと、二〇〇トンの荷物を約三週間で運ぶことができた。(11) つまり、エジンバラで印刷した本を、ひと月くらいでロンドンの店先に並べることができるようになっていたのだ。

ロンドンにあったドナルドソンの店では、エジンバラで印刷した本を売っていた。そのほとんどは、ロンドンで初版が出された本の安いリプリント、すなわちロンドンの書店からみれば「海賊版」だったと思われる。

ここで「海賊版」ということばについて、いま一度考えてみよう。スコットランドは、一七〇七年にイングランドと合邦していた。国王はひとり、議会もひとつ、外交も一元化されていたが、スコットランドとイングランドは、まだ別々の国内法をもっていた。

しかも、当時のスコットランド法にはコピーライトの概念がなかった。ロンドンの書店が出版した本をエジンバラで勝手に印刷して売ることに、法的な問題はなかったのだ。だから、ロンドンの本のエジンバラ版を「海賊版」と呼ぶのは正しくない。ロンドンの書店主たちも、地理的に離れていることと、ロンドンと比べてエジンバラの市場が小さかったこともあって、エジンバラでの「海賊版」を取り立てて問題にはしていなかった。

だが、安いエジンバラ版を持ち込んで売られては、ロンドンの書店主たちは黙っていられない。ドナルドソン書店の本は、相場よりも三―五割も値引きしていたのだ。ドナルドソンのリプリントは、ロンドンでは「海賊版」と呼ばれる可能性があった。しかし、ロンドンの大書店主たちがコピーライトの切れた『四季』でしかドナルドソンを追及できなかったことをみれば、権利が切れていない本をロンドンで売ることを、ドナルドソンは用心深く避けていたのだろう。

エジンバラの印刷技術は、ロンドンと比べて決して低くはなかった。それでもドナルドソンが本の値段を安くできたことには、ふたつの理由があるだろう。第一は物価水準の違いから、エジンバラでの印刷コストが低かったこと、第二はロンドンの書店主組合が談合して、本の値段をつり上げていたことだ。

ドナルドソンにいわせると、書店主組合のせいで、ロンドンの本は実際の価値の二―三倍にもなっていた。一方、ドナルドソンの売値は、ロンドン価格の三―五割引だった。ということは、ドナルドソンは自分が考える「実際の価値」よりも高く本を売っていたことになる。このあたりに、商売人としてのドナルドソンのしたたかさがうかがえる。

独占出版者ミラーの評判

一七七四年のイギリス上院での裁判でいったい何が争われたのか、その背景とともにみておこう。[12]

裁判の上告人はドナルドソン親子で、相手側はロンドンの書店主ベケットたち一五名である。「はじめに」で紹介したように、ドナルドソン親子とベケットたちは、スコットランド生まれの詩人トムソンの詩集『四季』のコピーライトをめぐって争った。『四季』は、『冬』(一七二六)、『夏』(一七二七)、『春』(一七二八)、『秋』(一七三〇)、それに『自然への聖歌』をまとめて一冊にした本である。一八世紀英文学を代表する詩集と、万人が認める名作だ。トムソンは、イングランドとの国境に近いエドナムという田舎町に生まれた。エジンバラ大学で学んだあと、二五歳のときにロンドンに出て家庭教師をしながら詩を書いた。

ここで、ひとつ注意を払っておかなければいけないことがある。それは、トムソンがスコットランド人だということだ。スコットランド人にしてみれば、トムソンの詩は「わたしたちの文学」だという気持ちがあっただろう。

トムソンは『春』と悲劇『ソフォニスバ』の出版権を、一七二九年一月十六日にロンドンの書店主アンドリュー・ミラー(一七〇七―六八)に売った。ミラーはベケットの親方にあたる。トムソンからミラーへの売値は、一三七ポンド一〇シリング(一ポンド＝二〇シリング)だった。そのころ、ロンドン住まいの上流の若者は、年額二〇〇ポンドの仕送りを親から受けていたそうなので、[13]トムソンが手にした金額は、いまの貨幣価値に換算すると一五〇―二〇〇万円くらいだろうか。ベケットは、ミラーが死んだあとに『四季』の権利を競売で手に入れたのだった。

ミラーという書店主は、一八世紀英文学の名作の出版をいくつも手がけたひとだ。「永久コピーライト」をめぐる裁判を追ううえで極めて重要な人物なので、ここで詳しく紹介しておこう。[14]

ミラーはロンドンの書店主組合という、ギルド的な独占組織の親玉だった。エジンバラのドナルドソンは本屋に新しさと儲け口をみつけ、ロンドンの独占組織に対して闘いを挑んだのだというみかたをする研究者もいる。[15]しかし、ミラーの背景を探ると、こういういい方は舌足らずだ。

それというのも、ミラーもまたスコットランド生まれだったからだ。出版史やコピーライト史の研究では、なぜかこのことが見過ごされてきた。ここに着目すれば、一八世紀のコピーライトをめぐる争いが、ロンドン対エジンバラという単純な図式には、決して収まりきらないことがわかる。

つまりこの闘いは、ミラーのようにエジンバラからいち早くロンドンに進出した書店主と、ドナルドソンのように遅れてやってきた者との闘い――先発組が独占した市場に新規参入組が食い込もうとした争いだったとみることができる。

ミラーは若いころ、エジンバラのジェームズ・マッキューエン（生没年不詳）書店で見習いをしていた。『書店主辞典』の編纂者は、エジンバラ時代からミラーとトムソンは知り合いだったろう、と推測している。トムソンがエジンバラ大学を出たのが一七二五年なので、ちょうど彼が学生時代にミラーは

写真 1.4　18 世紀のストランドの町並（*A Geometrical View of the Grand Procession of the Scald Miserable Masons*.1742.（部分）（出典：Wikimedia Commons, PD）

見習い書店員だったはずだ。当時のエジンバラは、城とホリルード宮殿を結ぶ東西一・五キロメートルほどのハイストリートを中心にした、コンパクトな町だった。七歳違いの学生と書店員が知り合いだったとしても、おかしくはない。

ミラーは一七二八年に二一歳でロンドンに出て、繁華街のストランドに店を開いた。そのころのストランドは、流行の最先端を行く豪華なショッピング街だった。もちろん、書店もたくさんあった（写真1．4）。

ストランドに店を構えた翌年に、ミラーは同郷のトムソンから『春』と『ソフォニスバ』を買う。この買い物がきっかけになって、ミラーは独占的な大書店主へと変貌する。

『春』をミラーに売ったのとおなじ一七二九―三〇年ころに、トムソンは『夏』『秋』『冬』『自然への聖歌』のコピーライトを、一〇五ポンドでジョン・ミラン（一七〇四―八四）というロンドンの書店主に売った。その後一七三八年六月十六日に、ミラーはそれらのコピーライトをミランから買い取った。買値は、トムソンの売値とおなじ一〇五ポンドだった。これでミラーはトムソンの一連の詩の権利をすべて手にし、先に買った『春』とあわせて『四季』という本にして販売した。

ミラーというひとを知る手がかりが、一八世紀イングランドを代表する文人サミュエル・ジョンソンの伝記『サミュエル・ジョンソン伝』（一七九一）にある。この作品は、伝記文学の傑作という呼び声が高い。ジョンソンのひととなりだけでなく、当時の社会が活写されている。一八世紀英文学、イギリス社会史の基本的な文献として、たいへん価値が高い。著者は、エジンバラ生まれの法律家で日記作家のジェームズ・ボズウェル（一七四〇―九五）である。

ちなみに、著者のボズウェルは、二〇代のころからエジンバラのドナルドソン書店の常連客だった。(16) ドナルドソンの店は、あふれる知的好奇心を安価な「海賊版」でみたす若者のたまり場だったのだ。ジョンソンは、『英語辞典』や『シェイクスピア全集』の編集で知られている。とくに『英語辞典』は、出版から一〇〇年以上にわたって、標準的な英語辞典として使われた名著だ。その出版を引き受けたのがミラーである。

『サミュエル・ジョンソン伝』には、ジョンソンがしていたミラーのウワサがいくつか記録されている。

ジョンソンの『辞典』刊行の事業の主要な責任を受持ったのは、ストランドの書店主アンドルー・ミラー氏であった。所有者たちの忍耐は、この著作がジョンソンの当初の楽観的想定にもとづく期限内には完成可能であろうとの彼らの期待によって再三にわたり試錬を受けて、ほとんどその限界に達していたために我らが博学の著者は、とりわけ彼が事業完成のずっと以前にすでに版権料の全額を何回かに分けて受領していた事情もあって、何とか早く決着をつけるように再三責め立てられていた。ミラー宛てに最後の原稿を届けに行った使いの者が戻ってきた時にジョンソンは、「ところで、彼は何と言ったかね?」と彼に尋ねた。——「先生、(と使いの者は答えた)神様ありがたや、やっとこれで奴と手が切れたと言っていました。」「理由は何にせよ、(ジョンソンは微笑しつつ答えた)彼がありがとうと言ったのは僕には嬉しい。」ジョンソンが自分のこの文学上の労作の主なる契約相手に選んだミラー氏とストラーン氏がいずれもスコットランド人であったことは注目に価する。ミラー自身は文学のすぐれた鑑識者でなかったにもかかわらず、非常に有能な人々を友人として選ぶだけの見識をもっていたので、彼らが版権購入についての見解と助言を彼に寄せた結果、彼は非常な産を築きそれを気前よく世間に還元した。ジョンソンは彼についてこう評した、「僕はミラーを尊敬する。君、彼は文学の価格を引上げてくれた。」[17](中野好之訳、以後も同様)

当時の著者と書店の関係がよくわかる一節だ。本の完成以前に、書店が原稿料を分割で著者に支払うことがあったようだ。さらに大事なことは、原稿を手にすれば著者とは「手が切れ」るという思いが、書店にはあったことだ。つまり、原稿を買ってしまえばあとはそれをどうしようと、書店の勝手だろうという論理である——たとえその原稿で書店がどれほど儲けても、著者への見返りは約束されないということでもある。

ロンドンの書店主たちは、たくさん売れそうな本に投資していた。辞書や百科事典も彼らの投資の対象だった。『英語辞典』のコピーライトも、もちろんジョンソンではなく、ミラーや辞書で有名なロングマン社の創業者トーマス・ロングマン一世（一六九九―一七五五）ら数名の書店主がもっていた。

ジョンソンの話からすると、ミラーらが独占的な商法で本の価格を引き上げた実態があったようだ。しかし、ひとのいいジョンソンは、「彼は文学の価格を引き上げてくれた」といっている。

実際に、ミラーらは『英語辞典』で莫大な利益を得た。ロングマンにも、いまのロングマン社の礎になる儲けがあった。一方で、著者のジョンソンへの報酬はじゅうぶんとはいえなかった。『サミュエル・ジョンソン伝』に、そのことが読み取れる。

> 一七五六年にジョンソンは、彼の『辞典』の偉大な名声を以てすら「流れ行くその日その日の生活の資を見出す」必要性が依然としてなくならないことを見出した。……彼はこの著作の進行中に、予め受取った『辞典』の契約金をことごとく費消《ママ》していた。彼の労苦の報酬がわずか千五百七十五ポンドであったことを我々は前に見たが、筆耕代や用紙代その他の経費をこれから控除するならば、彼の純粋の利益はまことに微々たる金額であった。「先生が『辞典』でもっと金持になれなかったことは残念でしたね、先生」と私は一度彼に言ったことがあるが、彼の答え

はこうであった、「僕にとっても残念だ。しかし万事はあれでよかった。書店主たちは寛大で気前のいい連中だった。」彼はあらゆる機会にこの点に関して彼らの性格への尊敬を表明した。彼は彼らこそが文芸の庇護者だと考えていた。事実彼らは最終的には彼の『辞典』によって大きな利益を挙げたけれども、この企画がともかく発議され、多大の費用の危険を冒して達成されたことは偏えに彼らの功績である。彼らが投資を回収しうる見込みは、当初は絶対に確実とは言えなかった。(18)

ジョンソンはなんていいひとだったのだろう。売れなかったときの保障をミラーがしてくれなければ、本が世に出ることがそもそもありえなかった。だから、自分への報酬がたとえじゅうぶんでなくても、仕事の達成感はあった。文人の生き様の、ひとつの典型だろう。問題は、一五七五ポンドという金額にどれだけの価値があったかだ。当時の海軍本部委員長の年俸がおよそ三〇〇〇ポンドだったので、(19)いまでいえば高級官僚の年収の半分くらいだろうか。庶民の平均年収よりは高いとしても、膨大な時間をかけた仕事への報酬としては不満だったろう。

ミラーは商売のうえでは、かなりあくどいことをしていたようだ。彼に搾取されたのは、ジョンソンだけではない。

一例をあげよう。エジンバラの書店主たちは、ロンドンの本の「海賊版」を作るだけでなく、スコットランドの優れた本を、ロンドンで売ろうともしていた。たとえば、ガヴィン・ハミルトン(生没年不詳)

とその徒弟で娘婿のジョン・バルフォー（？―一七九五）、そしてパトリック・ネイル（生没年不詳）の三人は、自分たちが出版していたヒュームの『イギリス史』を、ロンドンの市場で売ろうとした。その販売を同郷のミラーらに託したのが、一七五四年のことである。しかし、ミラーらは本の宣伝をろくにしないで、ハミルトンらが音をあげるのを待ったのだった。『イギリス史』の第一巻は、ロンドンでの最初の一年間で、わずか四五部しか売れなかった。[20]

本が売れず経営的に行き詰まり、翌年にハミルトンらは『イギリス史』のコピーライトをミラーに売って、ロンドンからの撤退を余儀なくされた。失意のヒュームは、名前を変えてフランスで余生を過ごすことまで考えたが、七年戦争（一七五六―六三）が起きたので思い止まった。ミラー版『イギリス史』は、一七六一年に全三巻が完成し、たいへん売れた。「書店主からもらったコピー・マネーは、それまでイングランドで公に知られていたどの金額よりも多く、わたしはそれで自立できたどころか富豪になった」[21]と、ヒュームは回想している。

結果的に、ミラーの手法は著者のヒュームにかなりの利益をもたらした。しかし、ハミルトンらスコットランドの書店主たちは、辛酸をなめさせられた。ミラーは同郷からの後発組を、こうして巧みに撃退したのだ。

著者が権利を手放さないときにも、ロンドンの書店主たちはこれと似たような方法で、それを奪い取っていた。書店主のジェームズ・ラッキントン（一七四六―一八一五）は、こんな指摘をしている。

一般に作家が版権を保有している場合、本の売れ行きはよくないものだ。そして、書店は十分管理の目を向けないため多くの本が打っちゃっておかれる。なぜなら、書店は大抵自分たちの利益にならない作品が大当りをとると嫉妬するからである。［作家は］版権を売った方がよい。そうでなければ、書店の性格を前もって十分知っておかねばならない。[22]（青木健・榎本洋訳）

著者が権利を売りわたさない本を「干して」おいて、売れ行きの悪さに失望した著者から安く権利を買い取り、そこから積極的に販売をはじめる——こういうのがロンドンの書店主たちのいつものやり方だったようだ。

一八世紀イギリスの司法

ドナルドソンの背景と、ベケットの親方で『四季』の権利を買ったミラーの評判がわかったところで、いよいよ裁判の話になる。そのまえに、基礎知識として、一八世紀イギリスの司法制度について整理しておこう。[23]

イギリスの司法を理解するには、慣習法というものを知る必要がある。日本ではなじみのない用語だが、重要な事なのでぜひ理解してほしい。簡単にいってしまえば、慣習法というのは不文律のことだ。法律の条文として決まっているわけではないが、効力のある決まり事をいう。反対に、条文で決まっている法律を制定法という。

慣習法は、制定法ができるよりも、はるか昔からあったとされる。いったいいつからそんな決まりがあるのか誰も知らないが、とにかく「昔から決まっている」ことが慣習法だ。

慣習法とよく似たものに、自然法がある。これは時代や国を超えて人類に普遍的な法のことをいう。自然法にもとづく権利を自然権といい、それは人間が生まれながらにしてもっている権利である。自然法や自然権というアイデアは、イギリスの思想家トーマス・ホッブズ（一五八八―一六七九）やロックといったひとびとによって作られ、一八世紀にはかなり浸透していたとみられる。基本的人権というものも、この自然権というアイデアに源がある。

作品には著者の人格が表現されているから、コピーライトを守ることは人権を守ることだという言い方がある。そこには、自然権の考え方が入っている。一連の裁判では、コピーライトを自然権的に解釈してよいのかということも、大事な争点になった。

世の中には誰も法を犯してはいないのに、争いが起きることもある。そんなときに、双方の主張を吟味して、公平と公正の原理に則って救済することを衡平法という。衡平法には、慣習法や制定法を補う役目がある。

訴えが慣習法に照らしてどうかを判断するのが、王座裁判所の役割だった。慣習法を司る裁判所には王座裁判所のほかに、民事訴訟を担当した民訴裁判所と、国王収入にかんする司法権をもっていた

写真 1.5　1745 年のウェストミンスター・ホール（正面向かって右側が大法官府裁判所、左側が王座裁判所、右の壁沿いが民訴裁判所）（出典：Phillips 1964）

財務府会議室裁判所があった。これに対して大法官府は、衡平法の観点から訴えを審理した。大法官府の長を大法官という。何だかゲームのキャラクターのような名前だが、イギリスの法律家のトップに位置する、たいへん名誉な役職なのだ。

大法官は、上院の議長も務めていた。日本の三権分立とは違うのでわかりにくいのだが、司法のトップの大法官が上院を取り仕切り、上院が最高裁の役割をもっていたのだ。一八世紀なかばでは、上訴の審理、離婚、財産などの私法にかんすることは、上院の仕事だった。上院は司法の色彩が強く、会期中は王座裁判所の主任裁判官らが常駐し、法廷弁護士がさかんに召喚されていた[24]。

このほかにも、法務総裁という役職がある。法務総裁は、法律にかんすることを国王や首相に助言する役目をもっている。また法務次官は、法務総裁を補佐した。

法律家の出世コースは、まず法廷弁護士として名声を得て法務次官から法務総裁になり、王座裁判所あるいは民訴裁判所の主任裁判官を務め、この間に貴族に取り立てられて上院入りし、最終的にその議長である大法官になることだった[25]。

当時の主要な民事法廷の王座裁判所、民訴裁判所、大法官府裁判所は、いまではビッグベンと国会議事堂があることで有名な、ウェストミンスター宮殿のなかのホールにあった。現在の宮殿の大半は、一八三四年の火災のあとに建てられたものだが、ホールだけは中世のものがそのまま残っている。

一七四五年当時の図版をみると、ホールのなかに衝立で仕切られただけの約7・5メートル四方の法廷がみっつある（写真1．5）。南西の角に大法官府裁判所、南東の角に王座裁判所、そして西の壁際に民訴裁判所が置かれていた。壁沿いには本屋などの屋台が並んでいる。ホールのなかで、買収した証人に現金を手わたす弁護士の姿も描かれている。世相を皮肉った絵なのだろうが、いまの鯱張った法廷のイメージとは、ずいぶんと違うのに驚かされる。

両者のいいぶん

慣習法と一八世紀イギリスの司法がわかったところで、「ドナルドソン対ベケット裁判」での、両者のいいぶんに耳を傾けることにしよう。まずは、ドナルドソンの主張である。

わたしたちは、『春』『夏』『秋』『冬』『四季につづく聖歌』を一冊にまとめて、ジェームズ・トムソン著『四季』のエジンバラ版を作り出版しました。

ところが、そのことにベケットらは文句をつけました。それらの詩の印刷・出版権をトムソンから買ったのは、自分だというのです。詩集から得た利益をわたし、おなじことを二度とするなといってきました。

たしかに、わたしたちは『四季』を出版しましたが、その印刷の独占権は、「アン法」が定める「著者の死後、最長二八年間」の保護期間を過ぎています。著者から一〇〇〇─五〇〇〇部くらいのコピーを買った者が、はたしてその作品の所有権までもつことになるのかを、わたしたちはこの法廷に問いたいのです。

どんな本にも、物質的な面とそうでない面があります。物質的な面とは紙・印刷・製本のこと、そうでない面とは作者が本にあらわした考えです。本の物質的な面は法にしたがって取引されますが、そうでない面は著者に残るのではないでしょうか。

わたしたちが、この法廷で主張したいことは、つぎの五つです。

第一に、ベケットらのいうことは、難解でキメラ的で定義できません。ときにそれを所有権だといい、目立たせることを狙って文学の所有権などといっています。

所有権ということばには、いろいろな意味があります。哲学的には、物事についてのある種の質を所有権といいます。日常的には、所有権の対象は形があるかないかのいずれかです。形があるものの所有権とは、物質を実際に所有することで、それを使ったり捨てたりする力をもつことです。いま問題にしているのは、これではありません。

ベケットらの目的が形のないものの所有権ならば、それは利益を得るためのある種のこと——つまり本のコピーを作る権利をいうのでしょう。

コピー生産の独占は、天賦の才の独占を意味します——これは誰がどうみても異常な特権です。この特権、この独占のことをベケットらは所有権だといい、それは慣習法だといいます。こんな特権と独占は、あってはならないことです。

第二に、慣習法による権利には、良心と理性にもとづく正義が必要です。良心と理性にもとづく正義は、イングランドだけでなく、アテネやローマ、フランス、スペイン、イタリアでもおなじのはずです。本のコピーは、いつの時代にもありました。それを独占するのは、どの時代どの国でも、良心と理性にもとづく正義だとはいえません。慣習法はみなに平等な権利をもたらすも

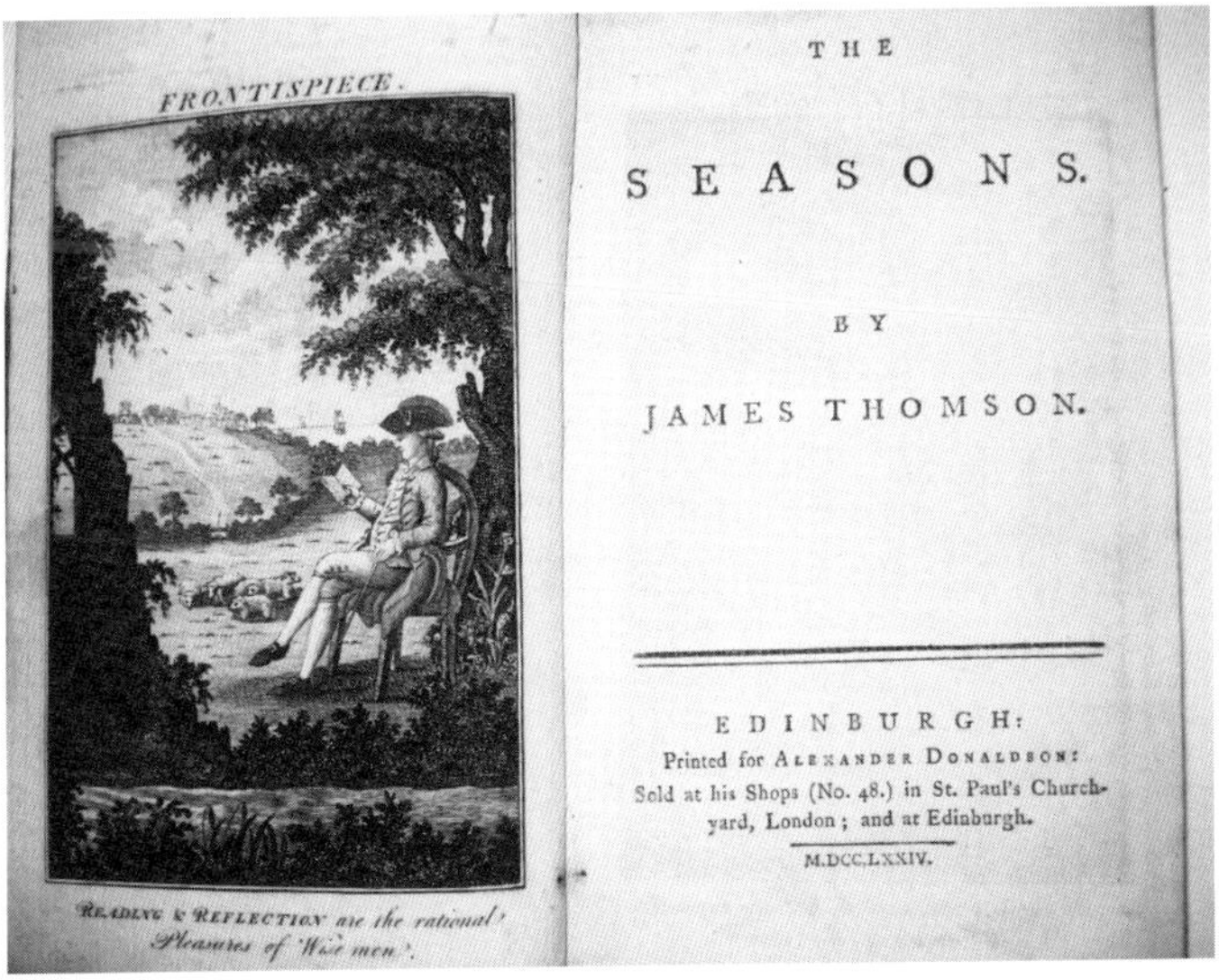

写真 1.6　ジェームズ・トムソン『四季』のドナルドソン書店版（1774 年、出典：Wikimedia Commons, PD）

のです。コピーを広めることを独占する権利など、慣習法としてはありえません。

第三に、天賦の才を独占することは、人権（Rights of Man）の侵害です。天賦の才がもつ性質は、普通の仕事とは違います。普通の仕事ならば、ほかのひとに迷惑をかけずに、ひとりのためにつくすこともできます。しかし、天賦の才がたったひとりのために使われると、社会の残りのひとを困らせることになります。ひとりのために多数の自由を奪うことは、良心と理性にもとづく正義ではありません。

第四に、慣習法は正義と公正の母である公共の利益のためにあります。

すぐれた精神の産物が、できるだけ広く社会に浸透することこそが公共の利益です。それゆえ慣習法では、コピーの生産の制限などできません。この王国に慣習法が生まれたとき、文学は古代のギリシャやローマとおなじ状況にありました。古代のギリシャやローマでは、筆写がただひとつのコピー手段でした。すべてのひとは、本を書き写す権利をもっていました。筆写以外に知識を広める方法がなかったのです。つまり、慣習法は本を書き写す自由を制限していなかったのです。

第五に、慣習法は大昔からあります。本のコピーに特権と独占があったとしても、それは慣習法にもとづくものではありません。特権と独占の時代は、印刷術とともにはじまったのです。善悪の原則は、印刷術で変わるものではありません。(26)

かたや、ロンドンの大書店主ベケットたちの主張はこうである。

トムソンの詩集のコピーライトを買ったわたしたちを無視して、ドナルドソンは何の権利もなしに、『春』『夏』『秋』『冬』『四季への賛美歌』を一冊にまとめて『四季』として出版し、数千部を売りました。彼はそれでかなりの利益を得て、わたしたちに大きな損害を与えたのです。

わたしたちは、詩集と賛美歌を勝手に販売しないこと、そして販売によって得た利益を支払うことを、ドナルドソンに求めました。しかし、彼は販売をやめることも支払うことも拒否したので、一七七一年一月二十一日に大法官府に訴えました。大法官は訴えを聞き、一七七二年十一月十六日に決定を下しました——文学の所有権の保護は永久につづくものなので、ドナルドソンは弁償するようにと。

ドナルドソンはこの決定がくつがえされることを願っていますが、わたしたちは大法官の決定は正しく公平で、支持されるべきだと考えます。その理由は、つぎのとおりです。

まず、作品の印刷・出版を独占する権利を著者が求めることは、論理と自然の正義にかなっています。進んだ知識をもっているひとがアイデアを書物で大衆に広めたら、それに報いるのは正しく公平なことです。したがって、作品を出版したとき、そのコピーを印刷する権利を著者がもつのは当然で、本を買ったひとがコピーの生産権をもつことなど、許されません。

イングランドに印刷術が伝えられたときから、こういった特別な所有権はコピーライトという名前で知られてきました。それは販売、贈与、相続でき、権利の侵害から守られてきました。

著者が自分の作品の出版・販売から得る利益と所有権を奪う定めなど、「アン法」にはありません。「アン法」の目的は、罰則を定めて海賊と権利侵害から文学の所有権を守ることにあったのです。「アン法」ができてから、大法官府は多くの命令を出してコピーライトを守っています。コピーライトの保護期間とは、罰則を適用する期間をいっているだけのことなのです。

文学の所有権が保護されてきたことを信じて、コピーの購入に多額の金銭が費やされてきました。もしこの保護がなくなったら、幾百の家族が彼らの財産のすべてを失い、路頭に迷うことになるでしょう。(27)

ドナルドソンとベケットが直接に意見を闘わせた証拠はないが、裁判のまえにドナルドソン側が作った想定問答とみられるものが残っている。(28) もちろんドナルドソンがベケットを論破するストーリーになっている。その想定どおりに両者がやりあえば、きっとこんな応酬になったのではないか——それを再現してみよう。

ベケット　「本のコピー」という用語は、永く使われています。このコピーということばそのものが、印刷・出版・販売の独占権を意味しているのです。こういった所有権は、「本のコピー」という語に、最初から含まれているのではありませんか？

ドナルドソン　一六四〇年以前には、コピーについてどんな条例も布告もなかったと、あなたがたも認めているではありませんか。したがって、そういった語は、大昔からあったわけではありません。

べ　書店主組合の創立時から、コピーは資産として登録され、海賊版は罰せられてきたことを、どう考えますか？

ド　そうすると、書店主組合といっしょに慣習法もできたとでもいうのですか？

べ　書店主組合には、条例を作る権利が与えられていました。

ド　たしかにそうですが、そういう条例は組合員のあいだの権利を定めたものでしょう。王国の残りのひとたちのために法律を作る権利など、書店主組合はもっていません！　もし組合が何か法律を作ったとしても、それは慣習法ではありえません。
べ　ですが星室庁の判決は、書店主組合の条例と習慣を、強力に支持しています。
ド　星室庁は刑事法廷なので、市民の権利を定める権利などありません。
べ　かつてコピーは、法律よりもすばやく、効果的に保護されていたことをどう考えますか？
ド　幾千の恣意的な力の実例よりも、ひとつの法律の方が権利のよい証明になるものです。
べ　一六二二年の「ライセンシング法」では、所有者の同意なしに本を印刷することが禁じられていました。
ド　その所有権とは、書店主組合の特許や条例によって、決められたものでしょう。「アン法」は、慣習法を条文にしたものではありません。学識あるひとに、いままでになかった所有権を与える、新しい法律を作ったのです。
べ　いいえ、違います！「アン法」は慣習法に罰則をつけ加えた法律です。
ド　もしコピーライトが法律よりも先にあったのならば、どうして立法府が著者に権利を与えることができたでしょう？　そんな所有権がすでにあったことを立法府が少しでも認めていたら、「アン法」以前に出版された本のリプリントの独占権を二一年間に限定し、延長を認めないことなどあるでしょうか？　昔からある権利を制限するとは、何という学問振興法でしょう！
もし「アン法」が慣習法に罰則をつけ加えたものならば、なぜその罰則を一四年間に制限したのでしょうか。所有権が永久だと考えるならば、どうして罰則をより広がりのあるものにしなかったのでしょうか。

コピーが永久の所有物だという考えが認められるならば、一四年間のつもりでコピーを売った著者は、それを永久に売りわたしてしまったことになります。これでは、学問を振興するどころか、才能豊かで勤勉なひとびとのために、落とし穴を掘ることになります。

もし本が一四年後に著者に戻るならば、彼の利益は守られるでしょう。もしそうでないならば、立法府は学識あるひとの利益にならないことをしたことになります。

永久の特権と独占という概念は、書店主らによって、ここ数年のあいだに目論まれたものなのです。彼らは文学の大義のためというふりをしながら、天才の果実を永久に自分たちのものにしようとしているだけです。こういう新しい原則は、文学へのひとびとの関心を下げ、すべての価値ある著者の名誉にとって、致命的な結果をもたらすでしょう。

それはすなわち、本がとても高い価格のままになるということです。ふつう小論や図解本は、三〇―四〇年は読まれるものです。社会習慣についての本ばかりでなく、科学の本でさえも時代の進歩とともに内容を変えていきます。道徳哲学や数学は、世界の盛衰と歩調を合わせなければなりません。価値ある作品についての手軽な解説本を作るのにも、その権利を購入した書店主の許可がいります。著者が本の重版や訂正を求めても、書店主はそれを断ることができます。書店主が倹約家で余計な出費を抑えたいときには、たとえ著者が訂正を求めても、本はそのままでよいといったりすることもありえます。

永久の特権と独占を認めるならば、書店主は著者に施しをしているのと変わりません。「アン法」にしたがって作品が一四年後に著者に返されるならば、著者は自分で名声を守ることができます。さらに、学識ある勤勉なひとは名声だけでなく、労働から生まれた利益によっても飛翔することができます――彼ら自身と彼らの家族のために。

しかし、著者は本の販売の専門家ではありません。書店主に永久の特権があれば、著者は需要を維持し、コピーからより多くの金額を得ることができるでしょう。

ベ

ド　最近の一―二例を除けば、本が適切な価格で売られているとはいえません。もし書店主が本を永久に独占しながら商売をつづけたら、彼らは適切な対価を著者に払わないでしょう。トムソン氏のような著者ですら、『四季』に対して一〇〇ポンドしか支払われなかったのですから。

一四年という期間は、どんな本にとっても適切です。もし重版に値する本ならば、それだけの時間がたったあとで、著者のより正確な考えを、著者の意志で本に反映させることができ、労働し発明したひとに名誉と利益が自然に生じるでしょう。

書店主に永久の特権と独占が認められるならば、著者の希望は砕かれ、コピーの購入者が金持ちになるだけです。

一方が勝つストーリーだけを取り上げるのはフェアではないが、ベケット側に同様の資料がないのでしかたない。最終的にドナルドソンが裁判に勝ったわけだから、おおよそこういう論旨が上院で認められたということだ。

双方の主張を眺めたうえで、争点をまとめておこう。

第一に、文学の所有権とは何か。ベケット側は文学には所有権があるというが、ドナルドソン側はそんなものは定義できないという。

第二に、コピーライトは慣習法か。ベケット側によると、コピーライトは慣習法にもとづく永久の権利で、「アン法」ができるまえからあった。それに対してドナルドソン側は、コピーライトは印刷術にはじまり、「アン法」によって作られたもので、期限つきの権利だという。

第三に、コピーライトの源は何か。ベケット側によると、コピーライトの源は文学の最初の所有者たる著者にある。そして書店主は、著者から文学の所有権を買い取っているので、コピーライトは自分たちの独占物だという。一方、ドナルドソン側は、かりに文学の所有権があったとして、何をもってそれを買い取ったことになるのかと、疑問を投げかけている。さらに、著者の天賦の才を独占するのは、人権侵害だとも主張している。

永久コピーライトをめぐる闘いは、ドナルドソンとベケットだけが繰り広げたのではない。そこには多くの書店主と法律家たちがかかわっている。いったい誰がこの闘いに加わったのか、彼らの人間像と関係を解きあかすのが、つぎの課題だ。(29)

第2章　コピーライトに群がるひとびと

コピーライト法ができるまで

ドナルドソンが登場した背景には、活版印刷術がイギリス全土に普及して、出版業が発達したことがある。ひとびとの識字率が上がったことも、もちろん関係がある。それにともなって、言論を統制するために、あるいは同業者の紛争を解決するために書店主組合が作られ、一五五七年に勅許状が与えられた。その組合の求めによって一七一〇年の「アン法」ができた(30)。

そして「アン法」が定める保護期間が終わりはじめた一七三〇年ころになると、こんどはさらなる保護を求めて書店主組合が活動した。そうして巻き起こったのが、「永久コピーライト」をめぐる書店主間の闘いであった。その間の歴史を、まず整理しておこう。

印刷術が誕生してからというもの、文士という職業は大きく変わった。アダム・スミスの『国富論』に出てくる、つぎの部分にそのことがよく表現されている。

印刷術の発明以前には、文士が自分の才能でなしうる唯一の仕事は、公的または私的教師の仕事、つまり彼が自分で獲得しためずらしくて有用な知識を他の人びとに伝えることであった。……しかし公私の教師の通常の補償は少ないようにみえるかもしれないけれども、もしパンのために書くさらにいっそう貧しい文士たちの競争が、市場から除去されないならば、疑いもなく現在以上に少なくなるだろう。印刷術の発明以前には、学者と乞食とはほとんど同義語だったように思われる。それ以前の大学の総長たちは、自分たちの学生に乞食をする免許状を与えることがしばしばあったようである。(31)

文士や学者が乞食ではない何かになるためには、印刷術をコントロールしなければならないと思われていた。印刷術のコピー力を規制して、本に書かれた情報が勝手に広がらないようにしようという考え方だ。一方で、情報の流れを規制して知識を商品化することは、有用な知識をひとびとに広める文士の仕事に質的な変化をもたらした。誰にでもではなく、本を買ってくれたひとにだけ知識を提供するようになったのだ。

イギリスで最初の印刷所は、一四七六年にウェストミンスターにできた。作ったのは、フランス語の翻訳者だったウィリアム・キャクストン(一四二二―九一)だった。それから五〇年ほどのあいだ印刷術は野放しだったが、国王や大学の総長などから特権を与えられたものだけに使うことが許される技術へと、しだいに変わっていった。

権力者が印刷術の自由を奪った理由は明快である。民衆をコントロールするには、メディアを押さえておかなければならないからだ。一方で、「海賊版」に対抗するために、印刷業者の側もおそらく規制を求めただろう。権力者と独占印刷業者とのあいだの、もちつもたれつの関係が、こうしてできあがっていった。

中世から近世のヨーロッパにあった商工業者の団体をギルドという。イングランドの書籍業ギルドは、大陸から印刷術がやって来るまえからあった。印刷術がはじまった当初、印刷業者は書籍業ギルドに入っていなかった。彼らの多くは、地方に住む外国人の職人だったのだ(32)。

ヘンリー八世（一四九一—一五四七、在位一五〇九—四七）の時代にあたる一五三三年に「印刷業者および製本業者にかんする法律」ができて、印刷業はロンドンに集められることになった。彼らは書籍業ギルドに編入されていくとともに、地方の印刷業者は抑圧され消えていった。ただしこの時代には、イングランドとスコットランドはまだ別の国だったので、この法律はエジンバラの印刷業には影響しなかった。

メアリ一世（一五一六—五八、在位一五五三—五八）が国王だった一五五七年に、書籍業ギルドは勅許で法人化されて書店主組合になった。その勅許状で、印刷業の独占と「海賊」業者に対する警察権が、組合に与えられた。

この時代に組合が法人化されて、強い権限を与えられたのは、なぜだったのだろうか。経済的な動機から、書店主のほうから権限を求めたことがひとつの要因だろう。もうひとつはメアリ一世の信仰にあった。[33]

父のヘンリー八世は、カトリックを排して英国国教会を作った。その理由というのがふるっている。ヘンリー八世は、妻のキャサリン・オブ・アラゴン（メアリ一世の母、一四八五―一五三六）と別れて、アン・ブーリン（エリザベス一世の母、一五〇七?―三六）と再婚したかった。ところが、カトリックは離婚を禁じていた。それならカトリックなんかやめてしまえ、といって作ったのが英国国教会だった。ヘンリー八世にそんな入れ知恵をしたのが、カンタベリー大主教になるトーマス・クランマー（一四八九―一五五六）で、そのクランマーが英国国教会をプロテスタント化していった。

メアリ一世は、見捨てられた母の恨みを背負った、熱烈なカトリックだったのだ。あまたの宗教改革者を監獄送りにしたので、「血まみれのメアリ」とも呼ばれている。クランマーも彼女に捕らえられ、火あぶりにされた。こういったプロテスタント弾圧の一環として出版を統制するために、メアリ一世は書店主組合に力を与えた――そんな側面もある。

こんなことを背景にして、独占的な大書店主がロンドンに生まれる。それに対して、中小の書店主たちは「海賊版」という手段で彼らの独占に挑戦した。書店主組合はいっそうの権限を求め、出版を統制したい政府もそれに応じた。

そして出されたのが、一五八六年の星室庁布令である。この布令で、印刷所を設立するときに届出が義務になった。イングランドで印刷所を作ってよい場所は、オックスフォード、ケンブリッジのふたつの大学町とロンドンだけになる。書店主組合の権限はますます強くなり、違法な印刷機や印刷物を没収し処分できるようになった。そのうえ、印刷業者が増えすぎないようにするために、徒弟の数も制限された。

チャールズ一世（一六〇〇―四九、在位一六二五―四九）による恐怖政治のさなか、一六三七年に二度目の星室庁布令が出される。これは言論統制を目的にしたもので、反政府的な本の印刷・販売・輸入が禁じられた。印刷の独占権については、書店主組合に登記されている本を、ほかの誰かが印刷・輸入することの禁止が盛り込まれた。

王党派とオリバー・クロムウェル（一五九九―一六五八）率いる議会派による内戦（一六四二―四八）をへて、チャールズ一世が処刑される。出版統制は、国王の権限がもとになっていたので、処刑によっていったんその根拠がなくなった。ところが、そのクロムウェルもまた出版統制法を作り、書店主組合に取り締まりの片棒を担がせた。

クロムウェルが病没したあと、一六六〇年にチャールズ二世（一六三〇―八五、在位一六六〇―八五）による王政復古が成った。そしてできたのが一六六二年の「ライセンシング法」である。この法律は一六三七年の星室庁布令をおおむね引き継いだものだったが、書店主組合の検閲を弱めて、出版監督官を新たに置いた点が違っていた。この法律で出版の独占と検閲の結びつきは、それまでよりも弱くなった。

イギリスの哲学者ロックは、政治には人民の同意が欠かせないといって、のちにアメリカとフランスの革命に影響を与えたひとである。ベケットをはじめとする書店主が、「永久コピーライト」を主張するときにも、ロックの自然権論が使われた。ところがそのロックは、この「ライセンシング法」に大反対だった。ロックが上院議員のエドワード・クラーク（一六五〇―一七一〇）に宛てた一六九三年一月二日の書簡に、それが読み取れる。

書店主組合の連中は、ラテン語による古典作品のすべて、あるいはほとんどに関する勅許を獲得し（一体どのような権利あるいは口実のもとこのような事ができるのか、私にはわかりかねますが）それらの文章が彼らに所属すべきだと主張し、かつ彼らがここで現在出版している以上のより良い正確な版や、新しい注釈のついた版を、彼らと示談交渉することなしに輸入することを許そうとしません。それ故、これらの最も有用な書物がひどく高価にしか学者の手にはいらず、そして独占による利益が無知で怠惰な書籍業者たちの手に渡っているのです。[34]（白田秀彰による訳を一部改変）

書店主が本の内容の所有権を握っていることを、ロックは怒っている。人間には生まれたときから自然権という権利があると、ロックは主張した。大書店主たちはこの自然権を使って、文学の所有権は人間が生まれながらにしてもっている自然権だといわんばかりの主張をした。

ところがロック自身は、著者の権利は自然権ではなく、法律で作られた財産権だと考えていたようだ。[35] 自分が反対したことを支える根拠に自分の理論が使われるとは、ロックは思いもしなかったろう。

ロックはこの書簡のほかにも、クラークにさまざまな働きかけをしていた。彼らの努力で、一六九五年に「ライセンシング法」は効力を失い、独占と検閲は制度的にも分離した。

書店主組合は、政府の検閲の下請けをするために独占を許されていた。ところが、一七世紀末になると、書店主組合から検閲の機能が奪われ、彼らは自分たちの独占を正当化する、別の大義を打ち立てる必要に迫られた。

そこで書店主組合が持ち出してきたのが、「学問の振興」という名目だった。「学問の振興」のためには、本の著者に利益が与えられなければならない。「海賊版」がはびこると権利者の取り分が減り、著者の意欲が失われてしまう。だから、本に書かれたことの財産権を守らなければならない――これはいまでもさかんに使われているいい方だが、一七世紀末にできた論法だ。

しかし、先にあげた『サミュエル・ジョンソン伝』の記録にあるように、「学問の振興」という名目は、書店主組合の独占を守るための、まさに「名目」に過ぎなかった[36]。原稿は権利とともに書店が買い切り、その出版で書店がどれほど儲けても、利益が著者に還元される保証はなかったのだから。

いずれにしても、「学問の振興」のために、「文学の所有権」を法律で定めるよう、書店主組合は議会に請願した。その請願が実って、一七一〇年に世界最初のコピーライト法の「アン法」が施行された。

「アン法」の中身

「アン法」は一一条から成る。その中身はどんなものだったのか、ポイントをあげておこう。

第一条　本の著作者、および著作者から版を譲られた者には、印刷の独占権がある。すでに出版された本は一七一〇年四月十日から二一年間、これから出版される本は公表のときから一四年間、保護される。

第二条　保護を受けようとする者は、出版するまえに本を書店主組合に登記しなければならない。

第五条　この法律以後に出版される本は、九冊を指定された図書館に納本しなければならない。

第六条　スコットランドにおいて本法に含まれる損害賠償を請求される者は、スコットランド民事上級裁判所での訴訟により回復できるものとする。

第八条　本法が定める行為について訴訟が開始された場合、被告は争点を弁論し証拠を提出することができる。

第九条　この法律は、すでに継続して出版し今後も出版をつづける大学と個人の権利には適用されない。

第一一条　一四年間の保護期間が終わってなお著者が生きていれば、印刷独占権はいったん著者

に戻り、さらに一四年間の保護が与えられる。（白田秀彰による訳を改変）(37)

最長で二八年間の保護ということのほかに、大事な規定がいくつかある。第二条によると、保護を受けるには書店主組合に本を登記しなければならない。つまり、書店主組合とかかわりをもたずに、出版の保護は受けられない仕組みになっている。

たいていの場合、本を出版するときには版の権利も書店に譲る。しかし、第一一条の規定があるので、一四年たてば著者はいったん権利を取り戻すことができる。その時点で著者の意向により版元を変えることや、版を修正することができるわけである。また、第五条の納本制度のおかげで、大英図書館やイギリスの古い大学図書館には一八世紀以後の本がよく保存されている。後世の学者にとっては、たいへんありがたい条文である。

「アン法」の三年前にあたる一七〇七年に、イングランドとスコットランドは合邦してひとつの国になっていたが、法制度は旧来のものが残されていた。第六条は、合邦からまもないこの時期ならではの条文である。ところが、スコットランドにはイングランドのように出版をめぐる争いの歴史がなく、コピーライトに似た権利はなかった。つまり、コピーライトの紛争をスコットランドに持ち込まれても、議論の積み重ねがない。あとで紹介するが、ドナルドソンはこの条文を巧みに使って、闘いを有利な方向へ導くことに成功する。

第八条は、訴権についての定めで、これも「ドナルドソン対ベケット裁判」で問題にされる。つづく第九条は、とてもあいまいな条文である。既得権者に配慮したものだろうが、解釈によっては「アン法」そのものが骨抜きにされてしまう、危険ないいまわしである。実際、この第九条の解釈も、「ドナルドソン対ベケット裁判」で問題になる。

「アン法」はイングランドの国内法だったので、スコットランドやアイルランドには適用されなかった。つまり、スコットランドでどれほど「海賊版」が作られようと、「アン法」でそれを取り締まることは、できなかったのである。ドナルドソンも、スコットランドという「アン法」の網がかからない地域からあらわれた。

意外なことだが、「アン法」には「コピーライト」の語がない。『オックスフォード英語辞典』をみると、「コピーライト」の初出は、一七三五年五月六日の上院議事録だという。つまり、「アン法」を世界ではじめての「コピーライト法」だということには、本当は問題がある。

「アン法」が守っているのは、本の「版」をめぐる権利である。ところが、その「版」とは何かが定義されていない。活版印刷の特徴は、物理的な実体をもつ「版」を解体して活字を再利用できることにある。だから活版印刷では、「版」が形として残らない。そのみえない「版」の権利をめぐる問題だから、始末に負えない。

独占書店主は、著者から原稿を買ったときに「版」も買ったことになるのだという。それでも原稿があればまだいいが、古い書物には原稿などないものもある。著者から「版」の権利をもらったわけでもない書店も多かった。古典的な本の「版」の権利を、なぜ特定の書店が独占できるのか、「版」

を定義できないせいで、その理由づけができないのだ。一七一〇年以前の本は二一年間とする「アン法」の保護期間が終わる一七三一年以後に、こういった問題が噴出する。

イングランドの出版界は、一七一〇から三一年のあいだ、平穏だった。「アン法」を背景に、ロンドンの大書店主たちが市場を支配したからだ。一七三〇年代になると、その状況が大きく変わる。それには、ふたつの理由がある。ひとつは「アン法」の保護期間が終わる本が出てきたこと、もうひとつはスコットランドとアイルランドが経済力をつけるとともに出版業が発達し、そこで印刷された本がロンドンに流れ込んできたことだ。

ロンドンの書店主たちは、その状況に手をこまねいていたわけではない。「海賊版」の被害を訴えて、「アン法」の保護期間をさらに延ばすよう、議会に何度も請願した。ところが、上院は書店主たちの要求をすべて退けた。書店主たちは、上院の貴族たちから冷や水を浴びせられつづけたのだ。

そこで次善の策として考えたのが、コピーライトは慣習法で認められた永久の権利だという論法だった――コピーライトは「著作者の権利」で、それは人類に普遍的なルールによって与えられた権利で、著者が生まれながらにしてもっている永久の権利だというのだ。

この論法のせいで、自然権としての「著作者の権利」と、産業上の独占権としての「コピーライト」という、性質の違うふたつの権利が混同されてしまった。(38)「ドナルドソン対ベケット裁判」をとおして、こういった混同はまちがいだということになったのだが、ロックの自然権論が定着するとともに、「著作者の権利」と「コピーライト」はひとつながりのものという理解が広がり、いまに到っているのが実情だ。
これから、「永久コピーライト」をめぐる「書店主たちの戦争」のあらましをみていこう。

書店主たちの戦争

「ミドウィンター裁判」 まずは一七四三年のことである。スコットランドの書店主たちがエフライム・チェンバース（一六八〇?―一七四〇）の『サイクロペディア』（一七二八）などの「海賊版」を出しているとして、ロンドンの書店主ダニエル・ミドウィンター（生没年不詳）らがスコットランドの民事上級裁判所に訴えた。ところが、『サイクロペディア』のコピーライトは一七四二年に切れていた。

ミドウィンターらは、「アン法」が定めている期限とは罰則がおよぶ期限のことで、コピーライトが消えてなくなるわけではないと主張した。最終的に民事上級裁判所は、『サイクロペディア』が書店主組合に登記されていないことを理由に、ロンドンの書店主たちの訴えを退けた。「アン法」第二条では、保護を受けるためには、あらかじめ組合に登記しておく必要があったからだ。(39)

いうまでもなく『サイクロペディア』は百科事典の嚆矢で、フランスの『百科全書』に多大な影響を及ぼした。コピーライトが切れてからというもの、一八世紀のあいだに無数のリプリント、つまり独占書店主がいう「海賊版」が作られ、イギリス全土に普及した。啓蒙思想の普及に「海賊版」が貢献していたのだ。このことひとつを取っても、近代社会の形成に「海賊版」がはたした役割はあきらかだ。

「ミラー対キンケイ裁判」 上院で争われたはじめての事件として記録されているのが、一七五〇年の「ミラー対キンケイ裁判」である。[40] この裁判は、ミラーをはじめとするロンドンの一七人の書店主が、「海賊版」を出していたエジンバラの二〇人とグラスゴーの四人の書店主を訴えたものだ。

ミラーらが「海賊版」の被害を受けたと訴えた本は、すべて「アン法」の保護期間が終わっていたうえ、書店主組合の登記簿にも載っていなかった。つまり、「アン法」の保護要件をまったく満たしていない本を、ミラーらは独占しようとしたのだ。

ミラーらがこの問題をはじめてスコットランドの民事上級裁判所に提訴したのが、「ミドウィンター裁判」とおなじ一七四三年だった。これらがスコットランドで争われた、はじめてのコピーライト裁判だった。判決は、「ミドウィンター裁判」とおなじで、組合の登記簿にない本は保護されないと出る。ミラーらはそれに納得せず、一七五〇年に最高裁判所である上院に上訴する。ところが上院は、ミラーらが「海賊版」で損害を受けたとは認めなかった。それにも納得せず、ミラーらは再審を求めたがまったく受け入れられず、敗訴が決まる。

不思議なことに、この裁判のさなかの一七四八年に、ミラーはキンケイ書店のロンドンでの代理人になっていたようだ。[41] あるいは、スコットランドで敗れてから上院に提訴するまでのあいだに、ミラーとキンケイは、和解しようとしたのかもしれない。
この上院の判決とおなじ年に、ドナルドソンはキンケイと提携し、エジンバラに書店を開いた。売っていたのは、おそらく「海賊版」だった。「ミラー対キンケイ裁判」の判決を知って、「この商売はいける」とドナルドソンは確信したのだろう。

「海賊版」撲滅計画　こういった法廷での闘争の裏で、ロンドンの独占書店主たちは、「海賊版」を抑えこむための実力行使を進めていた。彼らのやりようは、ドナルドソンが出版した『文学的所有権の現状についての考察』（一七六四、以後『考察』と略す）に書かれている。

『考察』でドナルドソンは、イングランドの書店主たちのあいだで交わされた、みっつの手紙を暴露し、彼らの陰謀は正しくないと訴えた。

第一の手紙は、ロンドンの書店主ジョン・ウィストン（一七一一―八〇）から、ケンブリッジの書店主ジョン・メリル（一七三一?―一八〇一）に宛てて、一七五九年四月二十三日に送られたものである。メリルはスコットランド版を売りさばいていた書店主だった。手紙は、こんな書き出しからはじまる。

わたしたちは、イングランドで初版された本のスコットランド版とアイルランド版の販売を阻止するための、ある計画に加わりました。そしてこの計画をただちに実行するために、すでに二〇〇〇ポンド近くのお金が集まりました。

イングランドでこれらの本を売った者は、大法官府にきびしく訴えられることになるでしょう。五月一日からは、イングランド中に代理人を送って、書店でこのようなことが起きていないか、調べることになっています。ただし古典（ギリシャとラテンの本）は例外です[42]。

計画の具体的な中身はこうだ——イングランドで売られているスコットランド版とアイルランド版を、ロンドンの書店主たちが原価で買い取るか、あるいはおなじ本のイングランド版を進呈する。実に気前のよい計画だ。

手紙の主のウィストンは、スコットランド版とアイルランド版の本を、週内にも指定の場所へ送るようメリルにもとめた。ウィンストンは、とくに二四種類の本や新聞——「スペクテイター」「シェイクスピア」「スウィフトの作品」「トムソンの『四季』」「ミルトンの詩」「ヒューディブラス」など——を例示した。そして、「君が今週中にスコットランドとアイルランドの本を送らない、などということのないよう、よろしく頼みます[43]」と手紙をしめくくった。

ウィンストンは、イングランドで「海賊版」を売っていたあらゆる書店に、おなじ手紙を送りつけた。ロンドンの書店主たちは、自分たちが売っているのとおなじ本の、スコットランド版とアイルランド版が出回ることを、完全に阻止しようとした。それも、相応の身銭を切っている。

この第一の手紙に対して、ドナルドソンはこんなコメントをつけた。

第一の手紙で述べられた本のなかに、シェイクスピア、ミルトン、ヒューディブラスがあります。ロンドンの書店主たちが、これらの本にいったいどんな排他的な権利をもっているというのでしょうか。なかには、一〇〇年以上もまえに印刷された本もあります。

ミルトンは、『失楽園』を一五ポンドでロンドンの書店主に売りました。それを根拠に、彼らはロンドンでずっと独占的な販売をつづけています。ミルトンに一五ポンドを支払った書店主の子孫が彼らなのかどうかは、問題ではないのです。その書店を買い取った、あるいはその書店が立っていた場所の近くに住んでいた書店主が、ミルトン作品の現在の所有者になっているのです。この傑出した著者のおかげで、彼は数一〇〇ポンドをかせぎました。大衆は彼らが提供した版を、彼らの言い値で買わなければなりません。

この手紙には二四の販売禁止本リストがありますが、これらのひとつとして独占権の期限が切れていない本はありません。これらの本は、大ブリテンのどこでも安全に出版され、売られるべきなのです(44)。

ドナルドソンがいうように、シェイクスピアもミルトンも、「アン法」が定める保護期間を、とうの昔に過ぎていた。特定の書店主が古典的な本を独占している実情と、その不当さをドナルドソンは訴えたのだ。

第二の手紙もまた、ロンドンの書店主ウィストンが書いたものだった。日付は第一の手紙から六日後の四月二十六日で、宛名はない。

昨日、多くの書店主が集まった会合がありました。実際、同業者のほとんど全員が顔をそろえました。例の計画が読みあげられ、認められました。ただひとり、ベルヤードのウォラルを除く全員が、合意書にサインしました。サインしたレンとポティガーは、ふたりとも二五ポンドを寄付しました。要求されるお金は、その五分の一に過ぎないでしょう。サインした書店主は、五〇人から、七〇人くらいでしょうか。[45]

スコットランド版とアイルランド版の販売を抑え込む計画を、一七五九年五月一日に実行することがこの手紙で再確認された。さらに、「海賊版」を持ち込む人物を知った書店主や印刷屋は、そのことをただちに委員会に報告することが申し合わされた。違反者は提訴され、裁判の費用は基金から支出することになった。

この合意は、イングランド中の書店主に知らされた。これにサインし、いくばくかの寄付をしない者は、本を売ることができなくなった。書店主組合からはじかれるというわけだ。計画に賛同した者は、違反者との取引が禁じられた。違反した者には五ポンドの罰金が科せられ、彼自身も取引から排除された。[46] このころ「夕食、入浴、上級娼婦を含めた遊興のひと晩の経費。盛装服上下」が六ポンドだったので、いまでいうと数十万円くらいの罰金だろうか。「海賊版」をあつかう書店にも、その書店と取引する書店にも商品を卸さないぞという、おどしである。

計画に反対したウォラルという書店主は、どういうひとだったのだろうか。ベルヤードの書店主ジョン・ウォラル（生没年不詳）は、一七三六―六三年のあいだ書店を営み、法律書の出版を専門にしていた。一七六三年には、『イングランド法入門』という本も出版している。(47)

ウォラルが計画に反対した理由は、よくわからない。法律書の専門出版者にとって、この計画は得ではなかったのだろうか。あるいは、法的な根拠の乏しい独占計画に、法律書の出版者として、良心が傷んだのかもしれない。いずれにしても、計画に反対したことで、ウォラルは本の取引から排除されてしまう。(48)そのことと、ウォラルが一七六三年に廃業したこととの関係もまた、よくわからない。

合意事項の管理委員には、リチャード・トンソン（生没年不詳）、アンドリュー・ミラー、ジョン・リビングトン（生没年不詳）、ウィリアム・ジョンストン（生没年不詳）ら七名が選ばれた。彼らはみな、コピーライトをめぐる一七六〇年から七四年にかけての法廷闘争で、権利者側として登場するひとびとだ。

この計画のためにトンソンは五〇〇ポンド、ミラーは三〇〇ポンドを出し、委員会が集めた寄付金の総額は、三一五〇ポンドになった。

この第二の手紙に対して、ドナルドソンはこんなコメントをつけた。

ここに気前がよく、欲のない計画の機が熟しました。合意はいまや七〇人近くの同業者によってサインされ、ロンドン以外のすべての書店主を抑圧するために、三一五〇スターリングのお金が寄付されました。一七五九年五月一日からは、スコットランド版とアイルランド版の本を売ってはなりません。この計画に反対する者は、みな罪に問われ罰金が科せられます。……ここにあるのは、いままでどの国にもなかったような、もっとも専制的であつかましい団結です。彼らは自分たちがじゅうぶんに強いと思っているので、法と正義に挑戦して、彼らの行く道をはばむものすべてを、ひっくり返そうとしています。もしこのようなことが自由な国で認められるならば、多くの商売で豊かなひとが独占し、小さな商人は彼らに生贄《いけにえ》をささげなければならなくなるでしょう。(49)

第一と第二の手紙を書いたウィストンは、神学書で有名な書店主だった。『書店主辞典』をみると、ウィストンはこれらの手紙を書いた一七五九年に、あるひとから「悪ふざけ」をされた。それがもとで神経を病み、引退を余儀なくされたらしい。(50)その「悪ふざけ」が何だったのかはよくわからない。ロンドンの書店主たちの企みとからんだ、嫌がらせを受けたのかもしれない。

第三の手紙は、管理委員会の命によってロンドンの書店主ジョン・ウィルキー(?―一七八五)が書いたもので、やはりイングランド中の書店主に配られた。日付は、第二の手紙から約半年後の一七五九年十一月二日になっている。

手紙の内容は、半年前に実行に移された計画を再確認するものだった。スコットランド版やほかの「海賊版」を委員会が引き取り、かわりにおなじ価値のイングランド版を進呈することを、改めて広告した。さらに、計画にしたがって、すでに何人かを告発したとも書かれてある。

この手紙をドナルドソンは、「低俗な狡猾《こうかつ》さの傑作で、媚びとおどしが散りばめられている」「軽率な田舎商人には、この手紙は狙いどおり効果をもったが、こういった不当な要求にくみすることを拒んだひともいた」[51]と評している。

ドナルドソンとキンケイの提携は、これらの手紙の前年の一七五八年に解消されていた。そして驚いたことにミラーと彼の徒弟のトーマス・キャデル（一七四二―一八〇二）は、ふたたびキンケイと提携して、アダム・スミスの『道徳情操論』（一七五九）に引きつづき、アダム・ファーガソン（一七二三―一八一六）やヒュームらスコットランドの学者の本をつぎつぎと出版する。[52]それらのいくつかは、ミラーの盟友のウィリアム・ストラーン（一七一五―八五）が印刷した。[53]

九年前にミラーらがキンケイらの「海賊版」を訴えたことを考えると、「昨日の敵は今日の友」とはよくいったものだ。このころミラーらは、「海賊版」を売る書店主を抑圧する一方で、自分たちの意向に沿う地方書店主とは協力関係を築いていったようだ。ミラーが地方書店主を傘下に収めていったというみかたもできる。地方書店の側も、ロンドンの大書店主がもつ力と市場を無視できず、彼らに寄り添おうとする動きが、当然あったろう。

第一回「トンソン対コリンズ裁判」　コピーライトを慣習法だと認めさせるために、ロンドンの独占書店主たちは、ドナルドソンが暴露した策略のほかにも驚くような陰謀を働いた――それは、「海賊出版者」と謀って、「仮面裁判」をするという方法だった。一七六〇年と六一年の二回にわたる「トンソン対コリンズ裁判」である。[54]

トンソンは、一七一一―一二年に発刊された人気新聞「スペクテイター」に載った記事の再版をつづけていた。ドナルドソンもこの「スペクテイター」の「海賊版」を売っていた。[55] ところが、トンソンが訴えたのは、ベンジャミン・コリンズ（一七一七―八五）という別の書店主だった。コリンズはロンドンから南西へおよそ一三〇キロメートル離れた田舎町のソールズベリーで書店を営み、スコットランド版の「スペクテイター」を売っていたというのだ。

トンソンは、「海賊版」を売ったコリンズを王座裁判所に訴えた。第1章で述べたように、王座裁判所は慣習法を司る裁判所である。「アン法」の保護期間が切れていても、慣習法のうえでの出版独占権があることを認めさせようという、トンソンの戦略だ。

ところがこのコリンズは、実はトンソンが仕立て上げた被告で、コリンズの裁判費用はすべて原告のトンソンが払っていたのだ。裁判の終盤でその疑惑が持ち上がり、判決が出ないまま終わることになる。

「トンソン対コリンズ裁判」の争点は、「著作者の権利」は慣習法かどうかにあった。独占側は、それは慣習法であり「アン法」による保護期間にはしばられないといい、「海賊」側は、その権利は「アン法」によって作られたものだと主張した。

裁判での細かな論点は、白田秀彰の『コピーライトの史的展開』（一九九八）[56]とロナン・ディーズリーの『コピーする権利の起源について』（二〇〇四）[57]に譲ることにして、法律家たちの人間関係に、わたしは着目したい。この事件には、のちの「ドナルドソン対ベケット裁判」で中心的な役割をはたす法律家たちが登場しているのだ。

第一回の裁判での原告トンソンの弁護人は、アレクサンダー・ウェダーバーン（一七三三―一八〇五）という、スコットランド生まれの法律家である（写真2．1）。被告コリンズの弁護人は、イングランド東部ノーフォーク生まれのエドワード・サーロー（一七三二―一八〇六）だった。

ロンドンの独占書店主をスコットランド人が弁護し、スコットランドの「海賊版」の販売をイングランド人が弁護している。コピーライトをめぐる一八世紀の裁判をみていると、こういったねじれ構造がたくさんあらわれる。

原告トンソンの弁護人のウェダーバーンは、どういうひとだったのだろうか？　彼はエジンバラから東へ三〇キロメートルほどのところにある、イースト・ロシアンの法律家の家に生まれた。一四歳でエジンバラ大学に入学してからは、弁舌を磨くために昼間は教会で説教役をし、夜は社交クラブで啓蒙思想家らと議論を闘わせた。一七五四年にはもう、法律家として自立していたようだ。

一七五五年にウェダーバーンは、雑誌「エジンバラ・レビュー」の創刊にたずさわった。最初の「エジンバラ・レビュー」は、第二号までで休刊になったが、一八〇二年に同名の雑誌が復刊し、一九二九年までのあいだ英国を代表する文芸批評誌になる。

ところが、エジンバラでの彼の法曹生活は、一七五七年に突如として終わる。仲間からのいわれのない侮辱に耐えかねて、エジンバラを去ったのだ。そして、ウェダーバーンは、活躍の場をロンドンに求めた。「トンソン対コリンズ裁判」の三年前のことである。

彼は、どんな思いを抱いてエジンバラを去ったのだろうか。スコットランドへの郷土愛は、もちろんあっただろう。思想家らとの交際から得た教養も、彼にとっては一生の財産になったに違いない。しかしそれ以上に、自分を認めてくれなかったスコットランドの田舎社会に、恨みを抱いたと考えても無理はない。そのことは、コピーライトをめぐる裁判で彼がロンドンの書店主側についたことと、無縁ではなかろう。

写真 2.1　アレクサンダー・ウェダーバーン
（出典：Wikimedia Commons, PD）

さて、ウェダーバーンはロンドンに出てすぐに、スコットランドなまりの矯正に取り組んだ。ロンドンで成功するには、なまりのない「美しい」英語を身につけなければならなかった。

ウェダーバーンの発音を矯正したのは、アイルランド生まれの俳優で演説術の教師だったトーマス・シェリダン（一七一九―一七八八）らである。ボズウェルは、このことについて『サミュエル・ジョンソン伝』にこう書いている。

事実マクリン氏もシェリダン氏と並んで、ウェダバーン氏傅育の栄誉を持った。カレドニアの人間が真正なイングランド語の韻律を身に付けるには、すでに余りも遅い時期であったにもかかわらず、ウェダバーン氏教育係の人々の技倆と彼自身の撓《たわ》みない努力が極めて見るべき効果を現わして、彼はスコットランドの抑揚の目障りな部分を克服し、その出身を弁別させる「生まれつきの素朴な鳴き声」を留めるだけになった。もしもスコットランド人がこの生まれつきの調べまで忘れたように衒《てら》うならば、私はこのような人間を心底から軽蔑する。イングランドの教育を受けない不利な状況にある人々が遭遇する様々な困難を克服して、彼は徐々にイングランド人さえその優雅さを讃めそやす語り口を身に着けた。かくして彼がその生国の高等民事裁判所の弁護士ならびにスコットランド教会の指導的長老として発揮した非凡な雄弁は、一段と高い分野の名声と充分な報酬を得たわけである。私はこの高貴な人物がエジンバラで彼の輝かしい力量とはおよそ不似合いな地位に置かれていた姿を振り返り、翻って今日のラフバラ卿〔ウェダーバーン〕のロンドンでの活躍を見ると、その変貌はさながらオウィディウスの変身譚の一つを見る心地である。そして彼の二人の教師は彼の発音を矯正することによって、この人物の才能を開発したのであるから、我々は同じオウィディウスの言葉を藉りて Nam vos mutastis〔諸兄も実際に一変されたるが故に〕と言わざるをえない。(58)

『サミュエル・ジョンソン伝』には、ウェダーバーンがロンドンで出世したあとで、かつてわたしから発音を教わった恩を彼は忘れていると、老シェリダンが愚痴をこぼしたというくだりもある。(59) ロンドンに出てきたばかりで、これからどうやって身を立てようかというときに、ウェダーバーンが頼った人物がいる。おなじようにエジンバラからロンドンに出て、印刷所を開いていたストラーンだった。

ウェダーバーンは同郷のストラーンに、訴訟を自分に担当させてくれと頼む。そのあたりの事情が、『サミュエル・ジョンソン伝』にある。

私は法律家が事件の依頼を懇願することは見苦しい真似だとする、世間の通念の正しさへの疑念を述べた。議員に当選するための投票を懇請することが許されるのに、世間で箔を付けるための懇願が何故に法律家に許されてはならないかと私は主張した。私は現にストラーン氏の口から、彼と私との共通な同国人で法律家として大をなした或る人物が最初に頭角を現わした頃に、自分を町の訴訟事件で使ってくれと彼に懇願したという事実を聞いていた。ジョンソン、「煽動して訴訟事件を起すことは間違っているだろうが、訴訟が始まるという見通しが明白になった以上は、法律家が他人でなく自分を弁護人として雇ってくれと運動することに何の不都合もありはしない。」ボズウェル、「先生がもしも法律家だったならば、先生は多分事件の依頼を懇願しないでしょうね?」ジョンソン、「うん、君、しないだろうね。だがそれは僕がそれを間違いだと考え

るためでなくて、それを潔しとしないからだ。」(60)

「法律家として大をなした或る人物」とは、ウェダーバーンのことだ。彼にとってストラーンは、エジンバラを追われてロンドンに来たときに、仕事を求めた同郷人だった。そのストラーンは、ミラーの盟友である。こういった横のつながりで、ウェダーバーンが独占書店主の弁護を引き受けることになったのだろう。

それにしても、先の引用から感じ取れるように、ジョンソンはウェダーバーンのことが、あまり好きではなかったようだ。ウェダーバーンが編集した「エジンバラ・レビュー」には、アダム・スミスがジョンソンの『英語辞典』への批判を書いている。(61)あるいはそんなことが原因なのかもしれない。ジョンソンは、ウェダーバーンよりも被告のコリンズの弁護人になったサーローのほうが好きだった。『サミュエル・ジョンソン伝』には、こんなくだりもある。

「君、精神の本当の優越性がこれっぱかりもない人間が、政界で大物になれるとは不思議なことだ。」彼はもう一人の法律家貴族についても同じ趣旨のことを表明した。この人は一時期ロンドンの才子たちの仲間になろうと考えたらしいが、結局その試みはうまく行かず、フットも「彼は一体どんな了見で我々の中へ入ってきたのか？　彼は自分が退屈な男であるにとどまらず、周囲まで退屈にさせる」と語っていた。ジョンソンは彼の会話の能力から判断して彼を極めて不完全な人間と考えていた。彼は或る時サー・ジョシュア・レノルズに言った、「この人間はもう十年間もロンドンにいるのに、その間何一つ勉強をしなかったらしい。」つまり社交家として、という意味である。彼は私に言った、「僕は彼と同席していて彼の気が利いた科白をただの一度も耳にした記憶がない。明らかに、君、我々が或る人の才能がどれほどかを発見するのは直接に彼と会話をかわす場合だ。公開の席で演説をすることは機械的な技術だ。僕はサーローを尊敬する。君、サーローは大した男だ。彼は自分の心をきちんと君の心に伝える。[62]」

ジョンソンがいう「もう一人の法律家貴族」とは、ウェダーバーンのことである。ウェダーバーンを尊大な田舎者とみるひとは、ジョンソンだけではない。スコットランドの教会指導者アレクサンダー・カーライル（一七二二―一八〇五）もまた、彼を「堅物で尊大[63]」と評した。

ウェダーバーンは、一七六八年にイングランドのヨークシャーの選挙区から下院議員に当選した。彼のように生まれ故郷のスコットランド以外から政界に入ったひとは、一七五四年以後に急増し、一七九〇年までに六〇人に登った[64]。みながみなウェダーバーンのように発音矯正までしていたかどうかはわからないが、議会にスコットランド人が増えていったことに、反感をもつイングランド人も少なくなかったろう。

さて、一方のコリンズの弁護人になったサーローは、どんな人物だったのだろうか？　彼は一七五一年にケンブリッジ大学を中退し、五四年に法律家になった。六二年に国王評議会のメンバーに、六五年に下院議員にもなった。

「海賊版」を弁護するくらいだから、リベラリストだったのかというと、まったく逆だった。「愛国王」を自認するジョージ三世（一七三八―一八二〇、在位一七六〇―一八二〇）を支えた保守派の法律家で、のちに奴隷貿易やアメリカの植民地支配を擁護したことで知られている。

サーローは色黒で、優美ではないが整った顔立ちだった。威厳に満ちた振る舞い、刺すような黒い瞳、太い眉の持ち主だった（写真2．2）。法律的な知恵よりも、むしろ弁舌にたいへん秀でていた。ジョンソンをして、「僕が会見に際して予め心の準備をしたく思う人間は、サーロー卿を除いてイングランドにはいない。だから彼に会う機会があれば、僕はできれば前日にそれを知っておきたい」[65]といわしめるほど、キレモノだったようだ。あまりにキレモノすぎて、まわりにいるひとを身構えさせてしまう――サーローは、そんな人物だったのだろう。

ウェダーバーンとサーローは、法曹家としてのポストを争いつづけた、生涯のライバルだった。しかし結果的には、法務次官、法務総裁、大法官、いずれのポストにもサーローのほうが先に就き、ウェダーバーンはいつも後塵を拝することになった。

この「トンソン対コリンズ裁判」でもうひとり、のちの「ドナルドソン対ベケット裁判」を語るのに欠かせない人物が登場する。スコットランド出身で、一七五六―八八年のあいだ、王座裁判所の主任裁判官としてイングランド司法に君臨したマンスフィールド卿（ウィリアム・マリー、一七〇五―九三）だった（写真2．3）。一八世紀イギリスを代表する法律家としていまでも誉れの高い人物で、コピーライトをめぐる一連の裁判でも常に中心的な役割をはたしていた。その弁舌の巧みさから、「銀の舌をもつ」といわれた男だった。彼の弁舌は巧みなことに加えて情熱的だった。ボズウェルは「マンスフィールド卿［のふいご］は今にも頰が裂けそうに強く吹く」[66]といっている。

マンスフィールド卿は、スコットランドのスクーンの出身だった[67]。一八世紀のはじめころ、スコットランドではジャコバイトというカトリックの反イングランド運動が盛んだった。家族はみなジャコバイトで、自身も若いころにかかわっていたようだ。こういった背景が、のちにマンスフィールド卿に災いをもたらすことになる。

ところが、マンスフィールド卿は、ロンドンで出世してからは、スクーンの家族にはほとんど消息を知らせなかったようだ。兄弟でさえ、マンスフィールド卿がどのような地位に就いているのか知らなかったという。ジャコバイトとの関係を絶つために、あえて家族関係を犠牲にしたのかもしれない。

生まれこそスコットランドだが、高校

写真 2.2　エドワード・サーロー
（出典：Wikimedia Commons, PD）

以後の教育は、ウェストミンスター・スクールとオックスフォード大学で受けた。人生の早い段階で、イングランドの発音と教養を身につけたことは、マンスフィールド卿にとってはよかった。スコットランド出身の貴族はみな、お国なまりを消すのに必死の努力を強いられていたからだ。ボズウェルは、オックスフォード大学教授のロバート・ヴァンシタト（一七二八―八九）というひとのことばを書き留めている。一七七二年の会話である。

彼はスコットランドがマンスフィールド卿のことで多少とも点数を上げることを絶対に肯じなかった。マンスフィールド卿は教育をイングランドで受けたからで、「スコットランド人も（と彼は言った）もしも子供の時分に捕獲されさえすれば多少は物になるのかも知れない。(68)」

イングランド紳士の、スコットランド人への差別意識が浮かび上がるひとことだ。

マンスフィールド卿は、王座裁判所の主任裁判官としての三二年間にもおよぶキャリアのあいだに、信用取引、契約、手形など商業にかかわる数々の判例を作った。イギリス商法の基礎を作った人物として、法制史に名を残している。また、リベラルな一面もあり、一七七二年には外国での売買のために奴隷をイングランドに拘留することを止めさせることにも成功した。その功績からマンスフィールド卿は、奴隷制度の廃止に貢献した人物といわれている。

マンスフィールド卿は大法官になることを何度も要請されたが、すべて断っている。政権の都合で簡単にクビにされてしまう大法官よりも、より身分の安定した王座裁判所の主任のほうを、自ら選んだらしい[69]。実際、彼が王座裁判所の主任をしているあいだに、大法官は五人入れ替わっている。

第二回「トンソン対コリンズ裁判」　マンスフィールド裁判長は、慣習法コピーライトに好意的だったが[70]、第一回の裁判でははっきりとした判決を出さなかった。事実上の継続審議のような形で、裁判を閉じたのだった。両者のみせかけの争いは、そのまま一七六一年の第二回「トンソン対コリンズ裁判」へと引き継がれる。

写真 2.3　マンスフィールド卿
（出典：Wikimedia Commons, PD）

この裁判で、トンソン側の弁護人がウェダーバーンからロンドン生まれの法律家ウィリアム・ブラックストン（一七二三―八〇）に交代する。ブラックストンはこの裁判の直後に『イギリス法釈義』（一七六五―六九）[71]という、英米の法律家に大きな影響を与えた記念碑的な労作を出版した。二一世紀のいまでも、「ブラックストン」の名を冠した法律書のシリーズが出ているくらいだ。ちなみに、夏目漱石（一八六七—一九一六）の『吾輩は猫である』（一九〇五—〇六）にも、「ブラクストーンの説によると……」とイギリスの刑罰について寒月君が語るくだりがある。

その『イギリス法釈義』のなかに、コピーライトの説明がある。法律書で「コピーライト」の語がはじめて使われたのは、この本だとされている。[72] ブラックストンは、コピーライトの概念を広めた立役者のひとりでもある。

法学者の白田秀彰によると、ブラックストンは、「著作者の権利」と「コピーライト」をはっきりとわけて考えていた。「著作者の権利」とは、著作者が自身の労働から生み出したものに対する財産権のことをいった。その根拠はロックの自然権論で、慣習法ではなかった。後者の「コピーライト」は、出版にかかわる財産権のことで、これは慣習法によるものだとした。[73]

コリンズ側の弁護人も、サーローからジョセフ・イェーツ（一七二二—七〇）に交代した。イェーツは、ブラックストンがいう「著作者の権利」を認めつつも、「コピーライト」には反論した。作品を世に出すということは、それが世界に共有されることを意味する。「コピーライト」は、実質的に独占などできないものに財産権を認めるもので、どうしても無理があると主張した。

マンスフィールド裁判長は、この一七六一年の裁判でもまた、判決を出さなかった。裁判は財務府会議室裁判所に送られ、そこで審議されているさなかに、先に述べた「やらせ」疑惑が持ち上がり、審理は棚上げになってしまった。「仮面裁判」がばれて、ロンドンの大書店主たちの信用は、地に落ちたことだろう。

ドナルドソン、ロンドンへ

「トンソン対コリンズ裁判」から二年をへた一七六三年に、あのドナルドソンがロンドンにやってきて、ストランドに店を開いた。ミラーの店から四〇〇メートルほどの場所だ。エジンバラの業者が、自分たちの鼻先で廉価本を売り出したのだからたまらない。店を構えるやいなや、ドナルドソンは地元の書店主たちからあの手この手の攻撃を受ける。しかし彼は、そんなことではくじけない。みずから本を出版して、ロンドンの独占書店主たちの手口を暴露した。それが先に紹介した『考察』である。『考察』の冒頭には、こんな「広告」がみられる。

ロンドンの書店主たちが、あらゆる種類の本を永久に独占しようとしてきたせいで、とくにイングランド、スコットランド、そしてアイルランドのほかの書店主たちは損害を受け、広い意味では、みっつの王国と英国植民地のすべての臣民の権利が侵害されました。文学の所有権についてのこの小論では、つぎのようなことを公にします——排他的な権利を求める彼らの主張がどれほど不当か、この自由な土地で独占を企てることがどれほど圧制的か、世界のひとびとは目のあたりにすることになるでしょう。(74)

ロンドンの書店主たちは、権利を著者から買ったことを理由に、印刷・出版の永久独占を主張した。それは、「アン法」の精神に反することだと、ドナルドソンは考えた。ロンドンの書店主たちが権利を主張する本のなかには、本当に著者から権利を買ったのか怪しいものもあることを、彼は知っていた。

この「広告」を読むと、ドナルドソンは義憤にかられていたように思える。しかし、彼が利益を求めてロンドンに進出したばかりの新興業者だったことを考えると、本当のところは義憤だけで動かされていたのではないだろう。大市場にビジネス・チャンスをみいだそうという経済的な動機がなければ、大書店主たちの独占に対して、これほど真剣に闘いを挑んだだろうか。

『考察』では、ふたつの大きな疑問が出された。第一は、印刷・出版された本の所有権が著者にあるのは、どんな法や道理によるのかという点である。第二に、その排他的で絶対的な所有権は、いったいいつまで、著者やその相続人や代理人に残るのかという点である。

ドナルドソンの考えでは、著者を励ますことは必要だが、出版されてしまった本にいつまでも著者の所有権が残るという考えには、法的な根拠がない。著者というものは、芸術を作ったひとや自然の秘密を発見したひとと変わらない。発見が彼の胸の内にあるあいだは彼に所有権があるが、いったん作品や発見が出版されたりあかされたりすると、法的な規制がなければ、すべてのひとがそこから自由に利益を得ることができる。

発見や発明ならば、特許で決められた期間の保護を受けることができる。逆にいえば、独占権は期限つきでよいと、みなが自然に認めているのである。その発明者・発見者がいなくてもいつか誰かがそれをみつけるものであり、その発明・発見を使って別のひとがさらに新しい何かを産み出す可能性もあるからだ。それとおなじで、本の著者が出版のあとも内容に所有権をもちつづけると考えるのはおかしいと、ドナルドソンはいう。

本というものは、著者の人格がそのままあらわれたものだから、発明や発見とは違うと思うかもしれない。しかし、それはとても近代的なみかただ。一八世紀後半のイギリスでは、小説というジャンルがようやく生まれようとしていた。そのような近代の黎明期に、「人格の発現としての文章」といった近代的な文学観が、根づいていたとも思えない。さらに、文学の所有権なるものは、いわゆる文学書だけでなく、古典的な歴史・哲学書や実用書にもおおいかぶさっていた。社会にとって必要な知識に、永久の所有権が認められるべきではないと、ドナルドソンは訴えたのだ。

ドナルドソンの考えでは、「アン法」には書店が本の印刷・出版を永久に独占することをふせぐ意図もあったという。本が保護されているあいだならば、著者は「海賊版」への罰を要求することができた。その一方で、保護期間が過ぎれば、すべてのひとにリプリントを作る自由があるのはあきらかだと、ドナルドソンはいう。

ロンドンの書店主たちは、権利が切れた本のリプリントを封じ込めようと、衡平法を司る大法官府に何度も訴えた。第1章で述べたように、衡平法は誰も法を犯していない状況での争いを、公平と公正の観点から救済した。「トンソン対コリンズ裁判」の欺瞞《ぎまん》が暴かれるまでは、歴代の大法官たちは書店主の訴えを聞いて、出版差止の命令を何度も出した。それがドナルドソンやほかのスコットランドの書店主たちには、とても不満だった。

『考察』の最後でドナルドソンは、批評家のウィリアム・ワーバートン（一六九八―一七七九）の『文学的所有権の性質と起源の探求』（一七六二）[75]から引用して、こんな内容のことを主張した。

著者とその譲受人には、慣習法において自らの作品を販売する永久の権利があるのだろうか？世に出た本は、もう誰のものでもない。それは、みんなに共通の利益をもたらすのだ。空気や水、さわやかな風、美しい眺めのように。……ギリシャやローマの著者は、あるひとは名誉のために、あるひとは利益のために書いたが、出版後に排他的な権利を求めた者など、ひとりもいないではないか？[76]

いったん公にした知識の独占権を著者がもつことなど、ギリシャ・ローマ時代にはありえなかったとドナルドソンはいう。もっとも、ギリシャ・ローマ時代に印刷術はなかったので、写本のことを「出版」といっているのだろう。

ドナルドソンは、ワーバートンの本からつぎの部分も引用している。

機械の発明者がもつ所有権は、あらゆる面で、著者がコピーに求める排他的な権利と似ています。発明者は慣習法による機械の権利をもちません。それなのに、著者にはコピーについての慣習法による権利があるというのでしょうか。[77]

これには少し説明がいる。「アン法」の制定運動を繰り広げていたころ、書店主たちは文学の所有権と発明特許とは似たものだといっていた。発明特許が認められているのに、著者に所有権を認めないのはおかしいと、書店主たちは主張したのだ。

ところが、発明特許は発明者の慣習法上の権利ではない――つまり法律で人工的に与えられた権利なのだ。しかも、発明特許には定められた期限がある。その期限を過ぎると、誰もがその発明を利用することができる。「アン法」で定められたコピーライトもまた、慣習法ではなく制定法による人工的な権利だった。保護期間が出版から一四年間に限られた理由も、そこにある。

文学の所有権が永久ならば、いまその本を出版している既得権者が圧倒的に得をする。ドナルドソンのように、すでに古典になってしまっている本のリプリントで儲ける商売は、成り立たなくなる。ドナルドソンの抗議の理由は、そこにあった。

本のコピーを作ったからといって、もとの本そのものがなくなってしまうわけではない。土地の所有とはちがって、コピーを独占的に所有することは難しい。仮にコピーに所有権があるとしても、それは人工的な権利であって、慣習法でも自然権でも永久の権利でもない。ドナルドソンはそういいたかったのだ。

『考察』の末尾には、こんな挑戦的な広告が載せられている。

みなさんへ

お知らせします。エジンバラからきたアレックス・ドナルドソンは、ストランドのノーフォーク通りから二軒となりに本の安売り店を開きました。そこではロンドンの値段よりも三—四割安く売っています。ロンドンの書店主たちは、前述の連合により、同業者にわたしどもとの取引をやめさせました。そこでわたしどもは仕方なく、自己防衛のために店を開いたのです。輸出用や国内の書店のための買いつけをする商人の方々には、大幅に値引きします。

価格が掲載されたカタログを、上記の店にて無料でお配り致しております。(78)

ドナルドソンがロンドンに出店した理由がわかった。先にあげたみっつの手紙にみられるように、一七五九年にロンドンの書店主たちが申し合わせて、スコットランド版の不買運動を起こし、イングランド中の同業者に徹底させた。ひとつの書店が特定の書目の出版を独占することで、本の価格を高く維持してきた仕組みが、安いスコットランド版のせいで崩れるのを防いだのである。

エジンバラからロンドン向けに本を「輸出」していたドナルドソンは、不買運動のあおりをくって、本が売れなくなってしまった。そこで、自己防衛のためにみずからロンドンに出て店を構え、エジンバラで印刷した安価な本を売りはじめた——ドナルドソンがロンドンに来た理由は、こんなところだろう。

ドナルドソンの主張の裏には、生き残りをかけた後発組の闘志がみなぎっている。知の独占に敢然と立ち向かう義士のイメージで、ドナルドソンをみてはいけないのだ。

永久コピーライト派の勝利

そんなドナルドソンの挑発を、ロンドンの書店主たちは黙ってみているわけがない。ふたりの書店主が代表になって、一七六五年に大法官府に対して、それぞれ別の訴えを起こした。ひとりはミラーで、もうひとりはトーマス・オズボーン（?—一七六七）だった。

「ミラー対ドナルドソン裁判」「オズボーン対ドナルドソン裁判」『書店主辞典』をみると、オズボーンには「粗雑・鈍い・無学」と「たいへん尊敬すべき人物」だという、正反対の評価がある(79)。味方とおなじくらいの数の敵がいる男、といったところだろうか。ちなみにジョンソンは、オズボーンの無礼な態度に腹を立てて、殴り倒したことがある。『サミュエル・ジョンソン伝』にこんなくだりがあるのだ。

或る日ジョンソンはオズボンの店で彼を大型の二折版で叩きのめして足でその首を踏みつけた

という話が、様々に尾鰭を付けて真しやかに流布されている。私はジョンソン自身からありのままの事実を聞き出した。「君、彼が僕に対して無礼だったから僕は殴ったまでだ。それは彼の店でなくて、僕の居間での出来事だ。(80)」

どんな諍いだったのかの詮索はやめて、本題に戻ろう。ミラーとオズボーンの目論見に反して、大法官のノーシントン伯(ロバート・ヘンリー、一七〇八?—七二、大法官在位は六一—六六)は、ミラーらによる出版差止と永久所有権の主張を、ことごとく退けた。それどころか、「著者が本について永久の所有権をもつとするのは危険である。というのは、そのような所有権は出版の権利だけでなく、出版を抑圧する権利まで与えてしまうからだ。そして、たいへん優れた著者の作品をもっている書店主は、それらを完全に抑圧してしまうだろう(81)」とまで、大法官はいった。

それまで大法官府は、どちらかというとロンドンの書店主側に好意的で、「海賊版」の出版差止命令を頻繁に出していた。それと比べると、風向きはあきらかに変わっていた。「トンソン対コリンズ裁判」での共謀が、陰を落としていたのかもしれない。

大法官はさらに、この裁判は王国の最高裁判所——すなわち上院で決着をつけることを提案した。(82)独占書店主たちが「アン法」の保護期間を延ばそうとたくらんだとき、上院の貴族たちはそれをはねつけていたし、一七五〇年の「ミラー対キンケイ裁判」でも上院は独占側の主張を退けていた。そういった経緯を考えれば、闘いを上院の場に移すことは、ドナルドソンにとって有利なことだった。逆に、独占書店主たちにしてみれば、できることならばそれを避けたかったろう。ドナルドソンを直接の攻撃対象にしないよう、そして大法官府では争わず、慣習法コピーライトに好意的なマンスフィールド裁判長がいる王座裁判所に闘いの舞台を戻すよう、ミラーらは作戦の変更を余儀なくされた。

「ミラー対テイラー裁判」 独占書店主たちの新たな標的は、ロバート・テイラー（生没年不詳）だった。ミラーらがコピーライトをもつという『四季』を、テイラーが出版・販売していると、一七六六年に王座裁判所に訴えたのだ。(83)

『四季』の作者のトムソンがミラーとミランに詩を売ったのが一七二九年で、「アン法」による保護期間が最長で二八年間だから、一七五八年には『四季』のコピーライトは切れていたことになる。テイラーが『四季』を出版したのも、コピーライトは切れていると思ったからだろう。

ミラーが訴えたのは、テイラーが『四季』を出版・販売していることだけで、印刷のことは問わなかった。テイラー書店で売られていた『四季』を印刷していたのは、実はドナルドソンだったのではないかという説もある。(84) 第1章でみたように、エジンバラのドナルドソン書店の一七六〇年のカタログには『四季』がすでに入っている。ミラー、テイラー、ドナルドソンの込み入った関係がみえて、おもしろい。

この事件は、「ミラー対テイラー裁判」として知られている。裁判の第一審理で、ミラー側を弁護したのは、イングランド南東部にあるデヴォン出身のジョン・ダニング（一七三一―八三）だった。ダニングは、「ドナルドソン対ベケット裁判」で、ベケット側の弁護人にもなる重要人物である。

ダニングは、デヴォンなまりで話すひとだった。デヴォンのなまりはrの巻き舌音が特徴で、その音に癒し効果があるというひともいる。『サミュエル・ジョンソン伝』を読むと、スコットランド人のアクセントについての話題で、ダニングが出てくる。ジョンソンがいうには、ダニングのアクセントから彼の出身地がデヴォンだとわかるという(85)。アクセントの微妙な違いが聞きわけられることを、ジョンソンは自慢しているようなので、ダニングのなまりはそれほど強くはなかったのかもしれない。ロンドンの上流社会で名を成してはいるが、田舎育ちを隠しきれない紳士――そんなダニングのイメージが浮かぶ。ダニングの機知は疲れを癒し、怒りを鎮め、眠気を覚ました。彼の雄弁には華があり、調子がよく、予測できないクライマックスがあった。だが、体格には恵まれず、声はしゃがれていて、あまり人目をひく容姿でもなかったようだ(86)。

一方、第一審理でのテイラー側の弁護人は、例のサーローだった。サーローはドナルドソンの弁護人にもなることから、独占側＝ミラー＝ベケットを代弁するダニングと、「海賊」側＝テイラー＝ドナルドソンを代弁するサーローの論戦は、この「ミラー対テイラー裁判」ですでにはじまっていたことになる。しかし、裁判での敵対関係とは裏腹に、サーローとダニングはイナーテンプル法曹学院時代からの親友だった(87)。こういった人間関係は、裁判記録だけ追っていたのでは、決してみえてこない。

この第一審理は、一七六七年六月三十日にあったが、判決を出すには到らなかった。そこで、ミラー側の弁護人がブラックストンに、テイラー側がアイルランド人の作家・弁護人のアーサー・マーフィー

（一七二七―一八〇五）にかわり、翌年六月七日に第二審理が行われた。

ところが第二審理の翌朝、ミラーが突然この世を去ってしまった。死因はあきらかでない。そして妻のジューン、息子のウィリアム、書店主のロングマン二世（一七三一―九七）、ミラーの徒弟で書店を継いだキャデル、そしてベケットらがミラーの遺言執行人になった。

キャデルは、ミラーのもとで徒弟修業をした書店主で、一七六五年からはミラーのビジネス・パートナーになっていた。六七年にミラーが引退してからは、後継者として事業を譲り受けた。そしてストラーンと組んで、エドワード・ギボン（一七三七―九四）の『ローマ帝国衰亡史』（一七七六―八九）をはじめ、数々のベストセラーを世に出した。ブラックストンやスコットランドを代表する詩人のロバート・バーンズ（一七五九―九六）、ヒューム、ジョンソン、アダム・スミスらの本も、キャデルは手がけた。なかでも一七六一年の「トンソン対コリンズ裁判」で独占側のトンソンを弁護したブラックストンの本を出していたことから、ミラー＝キャデルとブラックストンが裏の人脈でつながっていたことがうかがえる。

ミラーの遺言執行人たちは、六月十三日に『四季』のコピーライトをロンドンで競売にかけた。ドナルドソンもそれに入札しようとしたが、競売への参加そのものを断られてしまった。競売の結果、ベケット、ロングマン、キャデルを含む一五名が資金を出し合って、『四季』のコピーライトを落札した。

「ミラー対テイラー裁判」は、ミラーの死後もベケットたちに引き継がれた。裁判の争点は、コピーライトは慣習法かどうかに絞られた。いいかえれば、「著作者の権利としてのコピーライト」は、「アン法」ができるまえからあったのかどうか、その権利は出版後もつづくのかが問われたのである。そういう権利があったとミラー側はいい、そんなものはなかったとテイラー側は主張した。

裁判の記録によると、裁判を担当した三人の裁判官のうちエドワード・ウィレス裁判官（?―一七八七）とリチャード・アストン裁判官（?―一七七八）が、それぞれ歴史的な側面と所有権論の側面からミラーを擁護する意見を出した。もうひとりのイェーツ裁判官は、いったん公にされた知識を著作者が独占することはできないとテイラーを支持した。イェーツは、一七六一年の「トンソン対コリンズ裁判」で、「海賊」側を弁護した法律家でもあったことを思い出そう。

イェーツは三時間にわたって熱弁をふるった。しかし、ほかのふたりの裁判官がミラー側についたせいか、彼の論調はやや弱気なものだったようだ。マンスフィールド卿が三二年にわたって王座裁判所の主任裁判官を務めた経験のなかで、このように意見が割れたことは二〇例に満たなかったという。[88]

弁論の詳細は長大なので省くことにして、結論に移ろう。一七六九年四月二十日に判決をいいわたしたのは、「トンソン対コリンズ裁判」も担当した主任裁判官のマンスフィールド卿だった。判決によると、出版前の原稿が慣習法で保護されていることは、正義と公正の原則からあきらかだという。もしこうした保護が出版後になくなって「海賊版」が出れば、著者が得るべき利益が失われてしまい、誤謬を訂正することもできなくなる。著者として自分の名前が使われることを止めることもできなくなるので、出版後もコピーライトは保護されなくてはならないと、マンスフィールド卿はいった。[89]

「トンソン対コリンズ裁判」とこの裁判をとおして、この件について正確で念入りな調査をした末に、わたしはつぎのことを確信するに到った。〔以前の〕大法官府は、著者の所有権をもとに〔独占書店主に〕救済を与えたが、それは正しかったと認める。「アン法」は登記や保護期間その他の規定をもっているが、それとこれとは別の話である。したがって、原告の勝訴とする。(90)

判決をあいまいにした先の裁判とは違って、マンスフィールド卿はついに独占書店主たちの主張を認めた——著者には法的な所有権があり、それは「アン法」が定める保護期間やすべての条項とは別のものであると。

マンスフィールド卿は、コピーライトは慣習法であり、著者がもつ永久の権利で、その権利は譲受人にも残るとする判決を下したのだ。

第3章　一九日間の法廷闘争

ドナルドソンの戦略

一七六九年四月の「ミラー対テイラー裁判」で、「永久コピーライト」が認められた。この王座裁判所の判決に異議を唱え、アン法の本質を説明する匿名の小冊子が、同年五月八日にエジンバラで出版された。法学者のロナン・ディーズリーは、このパンフレットをドナルドソンの作としている。(91)

ドナルドソンにしてみれば、自分ではなくテイラーを標的にしたミラーらに、してやられたという思いがあったろう。しかし、王座裁判所でマンスフィールド卿が下した判決がある限り、自分が不利なことは火をみるよりもあきらかだ。王国でのこの状況を逆転する方法は、ただひとつしかない――それは、かねてから独占書店主たちの要求をはねつけてきた上院にこの闘いを持ち込み、雌雄を決することだ――ドナルドソンは、こういう作戦を立てて行動をはじめたと、わたしは思う。

この目論見を実現するシナリオは、おそらくひとつしかない。それは、王座裁判所で『四季』の権利を勝ち取ったベケットたちを挑発して、ドナルドソンに損害賠償を求めさせることからはじまる。ベケットたちが仮に大法官府に訴えたとしても、永久コピーライトを認めた王座裁判所のマンスフィールド卿の判決がある限り、大法官はドナルドソンに非があるとして、損害賠償を命じるだろう。そうなれば、裁判をイングランドからスコットランドの司法に移すことができる。なぜならば、「アン法」第六条には「スコットランドにおいて本法に含まれる損害賠償を請求される者は、スコットランド民事上級裁判所での訴訟により回復できるものとする」とあり、ドナルドソンはエジンバラ市民だったからである。

当時のイングランドとスコットランドは、ひとつの国ではあっても、司法を含む社会システムはまったく違っていた。スコットランドではコピーライトを認める判例など、ひとつもなかったのだ。このあたりに、合邦から百年に満たないふたつの国がかかえていた、社会事情が露呈している。

スコットランドでの裁判ならば、まず負けることはない。そうなれば、あとは地元での勝利を引っ提げて、大法官府の誤審を上院に訴えることができる――こういう長く困難なシナリオを、ドナルドソンは思い描いたことだろう。

そしてドナルドソンは、『四季』の「海賊版」の出版をあえてつづけて、独占書店主のベケットたちを挑発したのだ。

ベケットたちは、彼の挑発に乗ってしまった。永久コピーライトはもう認められたのだから、ドナルドソンを抑え込むことなど造作もないと、高をくくっていたのだろう。出版の中止と、『四季』から得た利益の支払いを求めて、ベケットたちは一七七一年一月二十一日に大法官府に訴えた。ときの大法官だったアプスレー卿（ヘンリー・バサースト、一七一四―九四、大法官在位七一―七八）は、同年七月十六日から二十日にかけてドナルドソンの意見を聴き、そして七二年十一月十六日に決定を下した――「ミラー対テイラー裁判」で決まったように、文学の所有権は永久に保護されるので、ドナルドソンはベケットたちに弁償するようにと。マンスフィールド卿の判決にもとづいて、ベケットたちの主張を全面的に認めたのだ。それを受けてドナルドソンは、「アン法」第六条にしたがってスコットランド民事上級裁判所に上訴した。

その少しあとの一七七三年に、ベケットたちの仲間の書店主ジョン・ヒントン（?―一七八一）が、ドナルドソンをスコットランド民事上級裁判所に訴えた。(92) 自身がコピーライトをもつというトーマス・スタックハウス（一六七七―一七五二）の『聖書の新しい歴史』の「海賊版」をドナルドソンが出版しているのを差止めるためだった。ヒントンは、スタックハウスの本を出版していた書店主の未亡人と結婚して、そのコピーライトを獲得していた。

この「ヒントン対ドナルドソン裁判」で、ドナルドソンを弁護したのが、『サミュエル・ジョンソン伝』の著者のボズウェルだった。エジンバラでの裁判の結果は、一二人の裁判官のうち一一人がドナルドソンを支持した。「海賊」側の圧倒的な勝利だった。

対ベケットの裁判もおなじ方向に進んだ。一七七三年七月二十七日に行われたスコットランド民事上級裁判所での審理の結果、ドナルドソンの目論見どおり、スコットランドでは著作者には排他的な財産権などないという結論が出された。

この勝訴を待って、ドナルドソンは直ちに上院に訴えを起こした――コピーライトは永久の権利なのか、自分に損害賠償を命じた大法官府の判断は、まちがっているのではないかと。

ちょうどそのころ、ドナルドソンはストランドからロンドン随一の書店街セント・ポール教会広場に店を移している。新しい店は、書店主組合の事務所から五〇メートルほどしか離れていなかったとみられる。この闘いにかける、ドナルドソンの意気込みが伝わってくる。

闘いは上院へ

西洋史や法制史の知識がないと、一八世紀イギリスの法廷の様子など雲をつかむような話だ。ライザ・ピカードの『18世紀ロンドンの私生活』(二〇〇〇)には、一八世紀の文献からの引用で、上院での裁判の様子が描写されている。まずこれを紹介しながら、当時の法廷をイメージしてみよう。

それは、ある上院議員が決闘の末に犯した殺人についての裁判だった。殺人者は上院で同僚議員によって裁かれることになった。法廷は上院議場ではなく、ウェストミンスター・ホール(41頁、写真1.5)で開かれた。聴衆を収容するためにホール内に桟敷席が設けられ、王室一族と外国公使のためのボックス席は、深紅の布で覆われていた。聴衆の貴婦人たちは、「ブロケード、ダイヤモンド、レースなどで飾りたて、髪型は、ひとりの例外もなく、髪にリボンを結んで上にさまざまな飾りのついた平らな帽子をのせて」いて、「これらの帽子が……ウェストミンスター・ホールを埋めつくした」とある。

そこへ上院議員二五〇人が入廷した。「アーミンの白い毛皮の縁どりの赤くて長い礼服と、『あらゆる形と大きさの帽子』というでたちで、ふたりずつ並んで歩いてきた。そしてふたりずつ順番に帽子をとっては、玉座に正式な会釈をして、同じくバラエティに富んだ髪型や鬘を披露した」(93)という。「ドナルドソン対ベケット裁判」もウェストミンスター・ホールで行われた。裁判には、こうした一種はなやいだ雰囲気があったことだろう。聴衆数の正確な記録などないのだが、文筆家にとって関心の深い裁判だけに、少なからぬ文化人たちが傍聴に訪れただろう。政治思想家のエドモンド・バーク（一七二九―九七）、作家のオリバー・ゴールドスミス（一七三〇―七四）らの姿も傍聴席にあった(94)。

永久コピーライトを認める判決を出したマンスフィールド卿も、王座裁判所の主任として同席している。この裁判は、出版者どうしの争いではあるが、間接的には「永久コピーライト」を認めたマンスフィールド卿の判決が正しかったのかどうかが問われている――そのことを聴衆はよくわかっていた。

そしてもうひとり、聴衆の注目を集めた男がいる。マンスフィールド卿の最大のライバルで四年前まで大法官を務めていたカムデン卿（チャールズ・プラット、一七一四―九四、大法官在位一七六六―七〇）である（写真3．1）。カムデン卿は、「トンソン対コリンズ裁判」から「ミラー対テイラー裁判」までのあいだ、「海賊版」についての独占書店主らからの救済の訴えを退けてきた大法官だった。永久コピーライトを認めたマンスフィールド卿の判決は、カムデン卿の考えを否定するものでもあった。

カムデン卿は法曹一家の出で、父はかつて王座裁判所の主任裁判官だった。のちに事実上の首相になるウィリアム・（大）ピット（一七〇八―七八）とカムデン卿は、名門のイートン校時代からの親友で、政界に出てからもお互いを支え合った間柄だった。

マンスフィールド卿とカムデン卿は、いくつもの裁判で意見を衝突させており、「天敵」ともいえる生涯のライバルだった。ふたりの関係の一端が、出版の自由をめぐる「ウィルクス事件」にあらわれているので、紹介しておこう。

スコットランド出身の貴族が重んじられていることに反対して、ジョージ三世を批判する文章が一七六三年の新聞「ノース・ブリトン四五号」に載った。[95]そして、ロンドン生まれの急進派の政治家ジョン・ウィルクス（一七二五—九七）が「ノース・ブリトン」の出版者ではないか、その文章を書いたのもウィルクスではないかと、疑われたのだ。

当時のイングランドには、悪名高い「一般的逮捕状」という制度があった。これは、逮捕者の氏名を指定しないで出される逮捕状で、主に言論を抑圧するために利用されていた。ウィルクスはこの「一般的逮捕状」で捕らえられ、裁判にかけられた。その文章を書いたのがやはりウィルクスだったことはあとであきらかになるのだが、嫌疑がはっきりしないままに彼は逮捕されてしまった。ロンドン市民のあいだにはウィルクスを支持する動きが広がり、出版の自由、さらには政治的な自由を求める民衆運動に火がついた。

そのころ、国王のまわりには、たしかにスコットランド出身の貴族が台頭していた。国王のジョージ三世自身も、もとはスコットランド王家のスチュアート家の末裔だ。一七六二—三年のあいだ首相を務めたビュート伯（ジョン・スチュアート、一七一三—九二）もスコットランド生まれだった。

「ノース・ブリトン」でウィルクスは、ジョージ三世とビュート首相を攻撃した。スコットランド生まれのマンスフィールド卿のこともまた、ウィルクスはあげつらった。ロンドン市民のあいだにくすぶっていた反スコットランド感情をあおったのだ。「ウィルクスと自由！」は民衆の合い言葉になり、ひとびとは彼を熱狂的に支えた。

その「ウィルクス事件」をめぐる一七六三年の裁判で「一般的逮捕状」を違法とし、ウィルクスが下院議員で不逮捕特権をもつことを理由に放免したのが、民訴裁判所の主任裁判官だったチャールズ・プラット――のちのカムデン卿だった。この判決にマンスフィールド卿は不快感をあらわにし、「プラット主任裁判官ほど恥知らずな男は、ほかにいません」[96]と、ジョージ三世に告げ口した。ウィルクスはフランスに逃亡し、民衆は「プラット、ウィルクスと自由！」と彼らを讃えた。カムデン卿は民衆の絶大な支持を得たのだ。

ウィルクスが逃亡したすぐあとに下院は彼を除名し、マンスフィールド卿の王座裁判所は有罪を宣告した。一七六八年にウィルクスが帰国してまもなく、マンスフィールド卿は彼を王座裁判所監獄に一年一〇ヶ月にわたって収監した。この間、ミドルセックス州から下院議員に当選しては除名され、また当選しては除名され、を四回も繰り返した。民衆はウィルクスの不屈の精神を讃え、言論・出版の自由、そして議会の決定に勝る人民の権利が、この事件をきっかけに形作られていった。

このほかにもカムデン卿は、一七六五年の上院の演説で「印紙税法」に反対した。これはアメリカ植民地で発行される証書や新聞・パンフレットなどに、印紙を貼ることを決めた法律だ。「印紙税法」

は、英国議会がアメリカ植民地に一方的に課税した最初の法律で、これに反対する運動「代表なくして課税なし」が、のちにアメリカ独立につながった。六六年に大法官になってからも、カムデン卿は不条理な植民地税制に反対を貫き、それが七〇年に大法官を罷免される原因になった。

マンスフィールド卿は国王寄りで、「ウィルクス事件」にみられるように、出版を統制しようとする気持ちが強い。一方のカムデン卿は民衆派で、出版にはリベラルな考え方をもっていた。ロンドン子からみれば、マンスフィールド卿もジョージ三世も、スコットランドからやってきた成り上がり者である。ロンドン生まれのカムデン卿は、スコットランド貴族が権勢を振るうことに、複雑な感情をもっていたようだ。ことに、政治的なライバルのマンスフィールド卿には、事あらば一太刀あびせようと、ずっと思っていたのではないだろうか。ましてや、マンスフィールド卿は、自身が否定した永久コピーライトを認めてしまったのだから。

写真 3.1　カムデン卿
（出典：Wikimedia Commons, PD）

こういったマンスフィールド卿とカムデン卿の人間関係が、「ドナルドソン対ベケット裁判」の行方を決定づけることになる。

開廷

上院での「ドナルドソン対ベケット裁判」は、一七七四年二月四日にはじまった。カムデン卿は、上院議員の立場で議席に陣取っている。六八歳のマンスフィールド卿と五九歳のカムデン卿——円熟の域に達したふたりの威厳と風格が、いまは静かに対峙している。マンスフィールド卿がらみの裁判となれば、カムデン卿が黙っているはずがない。傍聴に訪れたひとびとのなかに、一一年前の「ウィルクス事件」の記憶がよみがえる。この老上院議員がいつ、いかなる形で動くのか、そんな期待感もあっただろう。

ドナルドソンの弁護人は、法務総裁に昇進していたサーローに加えて、スコットランドの法律家ジョン・ダリンプル（一七二六—一八一〇）、そして「ミラー対テイラー裁判」の第二審理でテイラーを弁護したマーフィーの三名である。対するベケット側の弁護人には、ウェダーバーン、ダニング、そしてフランシス・ハーグレーブ（生没年不詳）の三名が立った。これまでのコピーライト裁判の役者として、なじみの深い顔ぶれが多い。

上院での裁判は、直接的にはドナルドソンに出版停止と賠償を求めた一七七二年のアプスレー大法官の判決が、正しかったかどうかが争われた。アプスレー卿はウェストミンスター生まれの貴族だった。大法官として目立った活躍は残していないばかりか、政府の高官として二流だったという評価もある。大法官に指名されたのも本人が予期しなかったことで、実際その地位に値しないひとだったようだ。[97] この大法官が相手ならば勝算ありと、ドナルドソンはみただろう。

裁判は二月四日にはじまり、休会をはさみながら二十二日までつづいた。裁判の記録は『文学的所有権の申し立てにおける上訴人と被告人の立場』（一七七四）[98]、『イングランド議会史：初期から一八〇三年まで』（一八〇六—二〇）[99]、『英国判例集』（一九〇〇—三二）[100] などにみられる。だが、昔の記録のことなので史料間のくい違いもあるし、研究者によって見解の異なる部分もある。[101] おまけに一八世紀イギリスの法律の話なので、現代の日本人にはピンとこないことも多い。これらのうち、『文学的所有権の申し立てにおける上訴人と被告人の立場』は、六八ページに及ぶ記録で、裁判の様子が詳細に書かれてあることから、情報源として有用である。しかし、この文献は正確さに欠けるとの批判があるため、それにしか記録のない発言には注意しながら用いる必要がある。[102]

そういった困難を乗り越えつつ、さまざまな記録を対照しながら、これから裁判の模様を復元してみたい。また、これから記す発言内容は、長大な記録のなかから議論の見通しをよくするために選択した要点を、現代の一般的な日本語の表現で書き改めたもので、記録を逐語訳したものではないことを、お断りしておく。

一七七四年二月四日、金曜日。原告・被告双方の関係者、そして上院議員たちがつぎつぎとホールに集まる。傍聴人の数がいつになく多い。アプスレー大法官が裁判のあらましを高らかに読み上げはじめると、ざわめきが静まり返る。

最初に演壇に立ったのは、ドナルドソンの弁護人サーロー法務総裁である。

　みなさん、一七七二年十一月十六日に大法官府が下した判決は、ベケットたちに有利なものです。ですが、わたしの依頼人のドナルドソン氏にとっては、とても不公平な判決だというしかありません。文学の所有権などというものは、慣習法で保証などされていません。

　どんな所有物も、占有ではじまり所持することでつづきますよね。ですが、文学の所有権に、いったいどんな支配力があるというのですか？　それは形があるのですか、ないのですか？　もし形があるのなら、ほかの家財とおなじように遺贈できるのですか？　もし形がないのなら、どうやったらその所有権を確認できるのでしょうか[103]？

サーローはもちまえの毒舌でもって、書店主たちの偽善を突いていった。

　書店主のひとたちはね、みなさん、ごく最近まで著者などというものに関心はなかったのですよ。立法府に請願するために、著者を使ったのです。自分たちの所有権を確かなものにするためにね。そうでなければ、自分だけがコピーを作れるのはそれが慣習法だからと主張するために、あとになって著者を担ぎ出したのです。独占にみせかけの顔を与えるのにそうすることが必要だと、あとで気がついたのでしょう。

「アン法」は、たんに慣習法を認め新たに罰則を決めた累積的な法律ではなく、これまでなかったような所有権を学識あるひとに与える、新しい法律なのです。

文学の所有権などというものは、想像の産物ですよ。そういうものがあることにしておけば利益になるとわかったときに、書店主らの頭のなかに入ってきたのです。著者のほうは、作品に所有権があるなんて、少しも思っていません。それなのに、法律や特許、「ライセンシング法」、王室特権、書店主組合が、そういう所有権を与えたのです。

文学の所有権というものは、無知な書店主らによるスキャンダラスな独占を招きますよ。ほかのひとの才能のおかげで書店主は肥え、抑圧することで書店主は豊かになっています。スコットランド民事上級裁判所は、このような独占からスコットランドを解放しました。この先例にしたがって、忌わしい抑圧からこの王国を解放しようではありませんか。(104)

こんな調子の歯に衣着せぬ毒舌で、ロンドンの書店主たちがしてきた権利請願の正体を、いきなり暴いた——著者の権利を守るためといいながら、その実、自分たちの独占を守るために著者を利用しているだけのことだと。

最終的にこの裁判に勝利したのは、ドナルドソン側だった――このことを考えると、サーローの最初の弁論は、毒気に満ちてはいても賛同を得たといえよう。

サーローの弁論が終わると、いったん散会とすることが決められた。弁論のつづきは週あけの月曜日になった。

二月七日、月曜日。ドナルドソンのふたり目の弁護人ダリンプルが演壇に立った。ダリンプルは、スコットランドの出身だった。エジンバラ大学とケンブリッジ大学で学び、スコットランドで法律家として活躍していた。

実はこのダリンプルには、ミラー書店から出版した著書がある。その本は、『英国における封建的所有の歴史的俯瞰のための小論』(一七五七)[105]という。出版の経験をとおしてダリンプルは、ミラーらロンドンの大書店がコピーライトで文化を独占しようとしていたことを、実感として知っていたと考えてもおかしくはない。

ダリンプルのひととなりを追う史料は乏しいが、彼の文体についてはボズウェルが書いている。ダリンプルが、その著書『大ブリテンとアイルランド見聞記』(一七七二)のなかで、イングランドの対オランダ戦争をめぐってチャールズ二世とルイ一四世(一六三八―一七一五、在位一六四三―一七一五)が共謀したことに触れた部分について、このようにコメントしているのだ。

ジョンソン「……このダリンプルは正直な男と見えて両方の側に不利な事柄を平等に語っている。だが彼の文体はお話にならぬほど貧弱で、これはまるで小学生の駄法螺に過ぎない。偉大な彼、しかし一層偉大な彼女！　まずこんな代物だ。」

私はこの批評に関しては到底彼に与しえない。確かにサー・ジョン・ダリンプルの文体はいかなる意味においても端正とは言えず、誰でも彼の気取った大言壮語[106]には時折り苦笑を禁じえないにしても、彼の著作にはきびきびした陽気さと紳士的精神の横溢がある。

さて、ダリンプルは上院で、慣習法コピーライトなどないことを、歴史を振り返りながら主張した。その口調は、地方の名門貴族らしい紳士的な態度のなかに、ときおり辛辣な皮肉を織り交ぜたものだった。

> みなさま、このみせかけの財産は慣習法だといいますけど、慣習法裁判所にそんな記録はないのです。「アン法」以前のわが国では文学の所有権など、「ライセンシング法」と書店主組合のほかでは聞いたことがありません。
>
> 「アン法」の歴史は注目に値します――書店主たちはどんなみかたをしていたのか、その浅かさが知れるというものです。彼らこそが一四年間の所有権を盛り込んだ法律を求めたのに、それは慣習法による権利だから将来にわたって保護されるべきだと、いまごろになって主張しているのです。自分たちの永久の権利だと疑わなかったものを、たった一四年間の期限つき権利とし

て求めることなど、考えられますか？　そんなことはありえませんよ。彼らは自分たちの立場を知っていたのです――彼らは自分たちのみせかけの権利が陳腐化したことを知って、古い架空の権利のかわりに、新しい実在の権利がほしくなったのです。

みなさま、「アン法」は、文学の振興のために作られましたが、実態はほど遠いものでした。「アン法」は著者ではなく、書店主を振興するものでした。とはいえ、両者の利益がおなじものだったとして、彼らはこの法律で何を得たのでしょうか？　永久のはずのものが、一四年間の期限つきになったのはなぜでしょう。本の価格は固定され、コピーを公共図書館に送る条項も加えられました――それが何の振興になるというのでしょう？　反対に、これは彼らの意図をくじくものだったのではありませんか。これらの事実は、慣習法による永久の所有権を書店主たちが夢みたことなどなかったことを示すのに、じゅうぶんではありませんか。所有権は永久だと思っていれば、「アン法」に反対したはずです。

「アン法」のタイトルをよくご覧ください。そこには「コピーを定められた期間帰属させる」とあります。つまり、彼らがそれまでもっていなかった権利を与えたのです。永久の権利に年限をつけてひとびとに与え罰則を科すような、ばかげた法律などあるでしょうか。[107]

ダリンプルは、「一、二、三人の書店主が、まるで死体を狙う鷲のように、気の毒なトムソンの亡骸の周りをうろついてた」[108]ともいった。彼の論点はふたつある。ひとつは、コピーライトは慣習法だという証拠がないこと。もうひとつは、「アン法」はそれまでなかった、新しい権利を著者に与えたものだということである。

たっぷり二時間半もかけて、ダリンプルこういった内容の熱弁をふるった。形而上学、法学、化学、政治学といった、彼のもてる知識のすべてを動員したせいか、演説が終わるころにはすっかり疲れ切った様子だった。(109) 裁判官も聴衆も、熱心に耳を傾けていたゆえ、くたくたになっていたことだろう。

サーローとダリンプルの弁論をもって、ドナルドソン側の最初の主張が一段落した。それに対するベケット側の立論は、翌日に持ち越されることになった。


二月八日、火曜日。この日からは、ベケット側の弁論がはじまった。演壇に立ったのは、ウェダーバーン法務次官だった。

サーローとダリンプルの弁論をじっくり吟味し、練りに練った弁論を展開するかと、みな固唾を呑んでみまもった。ところがウェダーバーンの弁論は、一七六〇年の「第一回トンソン対コリンズ裁判」でトンソンの弁護人として論じたことと、ほぼおなじ内容を繰り返しただけだった。これには裁判官も聴衆も、肩透かしを食わされた——ベケット側は一四年前の旧態然とした主張を繰り返すしかなかったのか——議場にいる誰もがそう思ったことだろう。

この日の裁判でウェダーバーンが行った弁論を、要約しておこう。

みなさん、自然の正義の原則からも社会の利益の観点からも、著者には自分のアイデアの出版から利益を得る権利があります。著者は、出版前の原稿の利益や所有権をもっていることも、認められていました。もともと原稿に所有権を与えているのは、著者のアイデアに対する支配権であり、その支配権の譲渡か放棄がなければ、これを奪うことはできません。本の販売、貸出しや贈与が、コピーの生産の権利を含んでいると考えるなど、ばかげています。本を買うのに五シリング払ったからといって、一〇〇ポンドを得る権利を、売り手がわたしたと考えることなどできません。

ライセンス一般は、慣習法の権利がなかったことを証明するものではありません。それを取ることが著者たちに義務づけられていた時代においては、出版にとっては足かせだったのです。

「アン法」については、先週の金曜日にサーロー法務総裁が作った土俵に、よろこんで立ちましょう。すなわち、「もしそれが何の権利も与えていないならば、何も奪ってはいない」ということです。

慣習法に配慮する条項が、「アン法」にはあります。しかも、慣習法の権利があると大法官府が考えていることは、数々の差止命令からあきらかです[110]。

ややわかりにくい点があるので、補足しておこう。先週の金曜日の弁論でサーローは、「アン法」を「これまでなかったような所有権を学識あるひとに与える、新しい法律」だといった。ウェダーバーンは、「もしそれが何の権利も与えていないならば、何も奪ってはいないということ」だという。つまり、「アン法」が新しい権利を与えたのならば、そのときに慣習法上の何らかの権利が奪われたのではないか、その証拠に、「アン法」には慣習法に配慮する条項がある。そんなものがあるということ自体、著者に慣習法上の権利があったことの証ではないか——ウェダーバーンはこういっている。

「アン法」の条項で、慣習法に配慮することをうたっている部分とは、第九条の「この法律は、すでに継続して出版し今後も出版をつづける大学と個人の権利には適用されない」をいっているのだろう。これを文字どおりに解釈すれば、出版業者には「アン法」よりもまえに何かの権利があったと読める。それをウェダーバーンは、慣習法コピーライトだというのだ。しかしこの条文は、国王勅許で認められてきた出版の特権を取り消すものではないことをいっているのであって、慣習法コピーライトがあったといっているのではないと考えられる(11)。

新しい主張が出なかったことは、ドナルドソン側にとって好材料だった。相手のいっていることは実に古くさいことだ——それなら手の内はおみとおし、これはいけると確信を強めたろう。

つづいて、ダニングがベケット側の弁論に立った。

コピーの生産について排他的な権利などないほうが、著者にとって利益になるとドナルドソンらはいいます。これはとても奇妙な主張です。書店主は買い手としてできるだけ安く仕入れ、著者はできるだけ高く売るのが通例です。もし本が出版された瞬間に、すべての人がそれを印刷する権利をもつのであれば、このようなことはおこりえません。

ドナルドソンらは、スコットランドの牛を輸入するのとおなじように、スコットランドの本をイングランドに輸入するのを正当化しようとしています。問題になっている本は、スコットランド人によって書かれたものではありますが、〔スコットランド語ではなく〕英語で書かれたもので、最初にイングランドで出版されたものです。スコットランドでコピーを印刷しそれをロンドンで売ることで、ドナルドソンらは、〔イングランドの〕合法的な購入者の権利を侵害しました。〔大法官の〕判決を確認して、文学の所有権は神聖なものだと彼らに教えてくれることを、わたしはみなさんに望みます。(112)

ダニングの弁論までで、この日の審理は終わった。ここまでで、ドナルドソン側からサーローとダリンプル、ベケット側からウェダーバーンとダニングの、それぞれ二名が立場を表明した。要約すれば、慣習法コピーライトを認めると特定の本の出版が特定の書店に独占されてしまうとドナルドソン側はいい、著者と書店を支えるために権利を保護してくれとベケット側はいった。

双方の弁論を比べてみると、ベケット側の主張におかしな点がみられる。というのは、出版の権利は「アン法」ですでに保護されている。それなのに、著者がもつという永久の精神的な所有権を持ち出し、書店の権利と著者の精神的な所有権を強引に結びつけて、永久の保護を主張している。当時はまだ本の原稿を最初に一括して買い取ってしまうのが習慣だったので、書店が著者に払う対価は、本がいくら売れても変わらないことが多かった。そこへもって出版の保護が永久になれば、書店は著者

に追加の支払いをしないまま、永久に儲けることだってできる。(113)

聡明な上院議員たちは、ベケット側の欺瞞に感づいたはずだ。

五つの質問

二月九日、水曜日。ふたたび、サーロー法務総裁がドナルドソンの弁護に立った。この日の彼の弁論は二時間近くにもおよんだが、自分たちの立場を繰り返すだけだった。議論が膠着状態に陥っていることは、誰の目にもあきらかだった。

そんな様子をみてか、アプスレー大法官は法律家貴族の意見を聞くことを提案した。イングランドにあるみっつの慣習法裁判所、つまり王座裁判所、民訴裁判所、財務府会議室裁判所の一二名の裁判官に諮問するというのだ。その一二名とは、王座裁判所がマンスフィールド主任裁判官、リチャード・アストン、ウィリアム・ヘンリー・アシュースト（一七二五―一八〇七）、エドワード・ウィレス、民訴裁判所がウィリアム・デグレイ主任裁判官（一七一九―一八一）、ウィリアム・ブラックストン、ジョージ・ネルス（一七一六―八六）、ヘンリー・グッド（一七一〇?―九四）、財務府会議室裁判所がシドニー・スタッフォード・スミス主任裁判官（?―一七七八）、ジェームズ・イヤー（一七三三―九九）、リチャード・アダムス（一七一〇―七三）、ジョージ・ペロー（生没年不詳）である。

彼らのうち、ブラックストンは一七六一年の「トンソン対コリンズ裁判」でのトンソンの弁護人で、ウィレスとアストン、マンスフィールド卿は「ミラー対テイラー裁判」でミラーの主張を受け入れる判断をした裁判官だった。いずれも、独占書店主寄りの法律家たちである。

ドナルドソンにしてみれば、一二票のうちの四票をはじめから失っているようなものだった。逆にアプスレー大法官にしてみれば、自らの誤審が問われている裁判で、自分に有利な意見が出ることを期待したのかもしれない。

アプスレー大法官は、質問をつぎのみっつにしぼった。

第一に、著者には慣習法上の独占権があるか？

第二に、慣習法上の著者の権利は、印刷・出版によってなくなり、その後は他の者が著者の意思に反して自己の利益のために当該書籍を再印刷し販売できるか？

第三に、慣習法の権利にかんする訴権は、「アン法」第八条によって奪われたか？(114)

少し解説を加えよう。第一の質問は、本を印刷・出版する独占権が著者にあると慣習法で決まっている、すなわち「大昔から決まっている」のかということだ。そうだとするならば、その独占権は、印刷・出版した瞬間になくなるのかというのが第二の質問である。第三の質問は、訴権を定めた「アン法」第八条についての質問である。印刷・出版についての訴訟が慣習法で審理されうるとしても、その訴権は「アン法」ができたことによってなくなったのかと尋ねている。

大法官は、これらの質問を二度にわたって朗読した。「アン法」よりもまえからあったとベケット側が主張する慣習法と、「アン法」の関係をまとめた質問だ。もし著者の権利が慣習法ならば、「アン法」に書かれてある一四年間という期限を無視して印刷・出版を独占してもかまわないことになる。これで議論が動きはじめると、議場にいた誰もが思ったことだろう。

このとき、聴衆の視線がひとりの老上院議員に集まった。カムデン卿が発言を求めて立ち上がったのだ。やはり動いたか――聴衆も、アプスレー大法官も、そしてマンスフィールド卿も、カムデン卿の発言に耳をそばだてる。

カムデン卿は、大法官のみっつの質問に、つぎのふたつをつけ加えた。


第四に、慣習法は著者や譲受人に永久独占権を与えているか？

第五に、その権利は「アン法」によって抑制されたり奪われたりするか？[115]

カムデン卿の質問は、アプスレー大法官のみっつの質問よりも、さらに核心を突いている。大法官の質問は、著者の権利についてのものだが、カムデン卿は著者だけでなく権利の譲受人、すなわち書店主についてはどうなのかと聞いている。野球にたとえるならば、カムデン卿の質問はど真んなかの直球である。この質問は「ミラー対テイラー裁判」の判決を、まともに問い直すものにもなっている。

カムデン卿の意図はあきらかだ。「ミラー対テイラー裁判」の裁判長は、ライバルのマンスフィールド卿だった。コピーライトは永久に譲受人に残るとした彼の判決を上院で吟味させて、あわよくばそれをひっくり返してやろうという魂胆だ。

このカムデン卿の発言を、複雑な気持ちで聞いていた男がいる――ベケット側の弁護人のダニングである。ダニングは、「ウィルクス事件」のときにカムデン卿とともに「一般的逮捕状」に反対し、ウィルクスを告訴から守る仕事をした。一七六八年にダニングを法務次官に昇進させたのが、ときのカムデン大法官だったのではないかというみかたもある。

つまり、こういうことだ――カムデン卿は民衆に人気があり、マンスフィールド卿の敵で、しかもベケット側のダニング弁護人に対して影響力をもっていた。そのひとが、事実上ドナルドソン側についたのだ。

五つの質問を、ドナルドソン、ベケット双方の立場からみれば、どういう色分けになるのかまとめておこう。

		ドナルドソン側	ベケット側
Q1	著者には慣習法上の独占権があるか？	NO	YES
Q2	その権利は印刷・出版でなくなるか？	YES寄り	NO
Q3	訴権は「アン法」で奪われたか？	YES寄り	NO

Q4　著者と譲受人に永久独占権があるか？　NO　YES
Q5　その権利は「アン法」で奪われたか？　YES寄り　NO

アプスレー大法官とカムデン卿からの五つの質問は、大法官から裁判官たちにわたされ、裁判は六日後の十五日まで休会になる。

二月十五日、火曜日。先に諮問された五つの質問について、裁判官たちがひとりずつ意見を述べた。蓋を開けてみると裁判官たちの意見は割れていた。慣習法のスペシャリストたちの、この問題に対するみかたはまちまちであった。アプスレー大法官にしてみれば、コピーライトは永久だというはっきりした見解を、裁判官への諮問で引き出したかったろう。だが、その目論見ははずれてしまった。意見が割れたことを、アプスレー大法官はあらかじめ知らされていたようだ。彼はこの日の裁判の冒頭で、「先の質問に対して、裁判官のかたがたは異なる意見を述べる可能性があります」といった。割れた意見を、とにかくそのまま法廷で述べてもらい、議員の判断を仰ぐしかないと、大法官はみたのだろう。

最初に意見を披露したのは、イヤーである。

本の中身の性質からいえば、慣習法上の所有権があるとはいえないでしょう。ほかの所有権ならば慣習法からいえることでも、この種の所有権にはあてはまりません。アイデアを独占するとは、定義できない、形のない何かを独占することです。アイデアの所有権は、物の所有権とは性質の違う変則的なものです。それは相続できず、遺贈もできません。このような形のないものを、慣習法で独占などできるのでしょうか。

第一と第二の質問への答えは明快です。慣習法による権利などなく、文学的作品を著者の同意なしに出版したひとに対して、〔慣習法で〕訴訟を起こすことはできません。

第三と第五の質問については、慣習法のすべての原則は、「アン法」によって効果的に廃止されたと考えます[116]。

五つの質問に対する、イヤーの意見をまとめると、こうなる。一覧してわかるように、ドナルドソン側の主張をほぼ全面的に認める意見である。

Q1　著者には慣習法上の独占権があるか？　NO
Q2　その権利は、印刷・出版でなくなるか？　YES
Q3　訴権は「アン法」で奪われたか？　条件つきYES
Q4　著者と譲受人に永久独占権があるか？　NO
Q5　その権利は「アン法」で奪われたか？　YES

つづいて弁論したのは、ネルスだった。ネルスは、文学の所有権は慣習法であり、「アン法」はそれを奪っていないと語った。彼はベケット側のダニング弁護人に好意的である。出版前の自分の原稿から利益を得る権利が著者にはあり、出版した瞬間にその所有権がなくなるとはとてもおかしなことだと、ネルスはいう。

「アン法」は慣習法のすべての権利を奪ってはいない、慣習法にあるものをつけ加えたのだ――こういった内容のことを一時間近く演説し、すべての質問への意見をいった。

ネルスの意見は、こうである。

Q1　著者には慣習法上の独占権があるか?　YES

Q2　その権利は、印刷・出版でなくなるか?　NO

Q3　訴権は「アン法」で奪われたか?　YES

Q4　著者と譲受人に永久独占権があるか?　YES

Q5　その権利は「アン法」で奪われたか?　YES

ネルスの意見は、慣習法コピーライトに賛成している点で、イヤーとは違っていた。しかし、第五の質問で、慣習法上の永久独占権は「アン法」で奪われたとしたことに、意見の一致がみられる。ただし、ディーズリーの研究によると、質問3と5へのネルスの意見には、諸記録のあいだに齟齬がみられるという(117)。また、ネルスの意見が正しく記録されていないとの研究もあり、論争の的になってきた(118)。

つぎにアシューストが演壇に立った。この三人目の裁判官は、「ミラー対テイラー裁判」の判例を追認し、ベケット側の味方になった。アシューストの論点は、つぎのようなものだった。

> 著者の知的なアイデアを公開するとは、購入者がそのアイデアを利用し、そこから利益を得る機会を許すことなのです。ですが、五シリングという値段で本を売ることがね、そのコピーを作って五〇〇ポンドを得る権利を売ることだと考えることなどできませんよ。
>
> みなさん、文学の所有権は、ほかの有形のものとおなじように定義され、記述されるべきものです。知ることができ、定義でき、享受でき、所有者にとって価値あるものはすべて所有物なのです。文学の所有権もおなじです。
>
> 著者が友人に原稿を貸してね、その友人が印刷すると、あるいは著者が原稿をなくして拾ったひとが印刷すると訴訟になるでしょう。これは、材料である紙と印刷物を超えた所有権があるからです。あるひとが自分の畑をとおる道路を公衆に提供しても、その道路の下に鉱山があれば、それは彼の所有物です。鳥がいったん手から逃げたらその鳥は共有になり、それを捕まえたらそのひとのものになるといいますけどね、これは完全に正しいわけではありません。というのは、法律書にこんな判例がありますーー首に鈴をつけた鷹が逃げて、その鷹をつかまえたひとが、慣習法にもとづいて訴えら

れました。
著者の名前がついた本は、首に鈴をつけた鷹のようなものです。それを海賊したひとは、誰であろうと訴えられるでしょう。(119)

アシューストの判定をまとめると、つぎのようになる。ドナルドソン側を支持したイヤーとは、ほぼ正反対になっている。

Q1　著者には慣習法上の独占権があるか？　YES
Q2　その権利は、印刷・出版でなくなるか？　NO
Q3　訴権は「アン法」で奪われたか？　NO
Q4　著者と譲受人に永久独占権があるか？　YES
Q5　その権利は「アン法」で奪われたか？　NO

つぎはブラックストンが意見を述べる順番だ。ところが、ブラックストンは、気の毒なことに持病の痛風を悪くして、法廷に出てくることができなかった。彼の意見がしたためられた書状が読み上げられた。ブラックストンは、もちろん慣習法コピーライトに賛成だった。五つの質問に対する意見は、アシュースのものとまったくおなじだった。

ここまでで、四人の裁判官の意見が出された。細かな違いを無視すれば、「永久コピーライト」に賛成が三人、反対がひとりという結果である。ベケット側に有利な展開になったことは、誰の目にもあきらかだった。

このつづきは翌々日の十七日と決まった。

二月十七日、木曜日。五人の裁判官が意見を披露する。最初に演壇に立ったのは、ウィレスだった。ウィレスは、「ミラー対テイラー裁判」でミラーに味方したひとで、「永久コピーライト」賛成派だ。

ウィレス裁判官はまず、コピーライトは個人の財産で、誰でもその意味を理解できる所有権だと説明した。本の中身は著者のもので、それは出版されたからといって損なわれるものではない。コピーを作る権利が著者にあるのは、それが慣習法だからだ。権利の主張が印刷術からはじまったというが、印刷術がなければコピーを簡単には作れない。こういう主張を独占というのは不愉快だ――ウィレスはこう主張した。

彼の弁論はさらにつづく――慣習法では、本の最初の印刷・出版とその販売の独占権は著者にある。おなじように、著者は出版のあともコピーの生産について永久の排他的な権利をもつ。これは慣習法によるものなので、非難されたり、制限されたり、「アン法」で奪われたりしない。著者はこの法律によって、救済から除外されることはない。

五つの質問に対するウィレスの判定は、アシュートとおなじくベケット側に軍配をあげるものだった。

つづいて壇上にはアストンが登った。「ミラー対テイラー裁判」で、ウィレスとともにミラーに味方したひとだ。彼の演説は、このようなものだった。


みなさん、わたしはここまでのお三人のご意見に賛成です。それは所有物であり、法律がどうだろうと著者のものです。イングランドの慣習法の原理をみつけるのに、ギリシャやローマに言及する必要などありません。どんな国にも、ある種の一般ルールがあり、それがその国の法律を支配しているのです。

われわれの慣習法は、個人の正義、適切な道徳、公衆の利便に根源があります。すべてのひとの自然権は、それによって守られています。著者が精神労働をして生み出したものに、自然権がないという理屈など、どこにもありませんよ。もしこの権利がもともとあるのならば、彼自身の行為のほかの、いったい何がそれを奪うことができるでしょうか。

出版とは彼がもつ力を使うことです。本が売られたとき、出版の直前まで著者がもっていた所有権が、購入者の手にわたったと考えることなどできません。もとの権利が共有になるには、最初の所有者が権利を放棄しなくてはなりません。

「「ミラー対テイラー裁判」でテイラーを弁護した」イェーツ裁判官が定義しましたように、権利放棄には必ずふたつのことが必要です。占有しているものを実際に放すこと、そして放す意図です。この訴訟ではどちらの条件も満たされていません。

機械発明には独占禁止法によって、発明者は特許による保護をもとめる必要があるからといって、文学の所有権に慣習法上の権利がないということにはなりません。独占禁止法よりもまえに、機械の発明者にも本の著者にも、慣習法上の権利があったと結論づけるほうが、より寛大ではありませんか。

「アン法」は、立法府が著者に与えた一時的な保護に過ぎません――賠償金を取れるようにすることと、無断で印刷をしたひとに対し、慣習法よりも確実な訴えを起こせるようにしたのです。[120]

五つの質問へのアストンの判定は、質問2を除いてアシュースト判事とおなじだったとされる。ただし、ディーズリーによると、五種類の裁判記録のうちふたつで、アストンの質問2への意見は、アシューストとおなじくNOだったという。[121] 一八世紀のことを調べる難しさは、こういうところにある。

ウィレスとアストンの演説内容を比較すると、ウィレスは歴史的な観点から、アストンは所有権論の観点から、それぞれベケット側を支持していることがわかる。ウィレスは歴史から、アストンは所有権論からという構図は、「ミラー対テイラー裁判」のときとおなじだ。ふたりのあいだには、慣習法コピーライトを弁護するにあたっての、役割分担のようなものがあったのかもしれない。

アストン裁判官までの六名の弁論が終わったところで、ドナルドソン支持派がイヤー男爵のみなのに対して、ベケット支持派が五名という大差がついていた。

もう大勢が決したかと思われたとき、ペローが意見表明に立った。ペローは議論の流れに逆らい、激しく、そして時間をかけて丁寧に、ドナルドソンを支持する意見を述べた。

慣習法上の権利があるだの、文学の所有権が家財だのというのは、わたしの考えでは、たいへんなまちがいで、ばかげています。

著者はたしかに彼の原稿の権利をもっています。でも出版されてしまえば、誰でもその本を印刷できるでしょう。かつては、一度出版した本の印刷に、著者が排他的な権利を主張することはありませんでした。

本が出版され売られるときに、著者と購入者のあいだに暗黙の契約があるとはいえません。購入者は有形部分である紙と印刷物を買い、無形部分であるアイデアを使う権利も買っているのです。

わたしは、「アン法」は著者や書店主がもつ唯一の保証だと確信しています。コピーの所有者に一四年間の権利を与え、その期間が終われば権利は著者に戻り、さらに一四年間つづきます。「アン法」のタイトルには「学問を奨励する」とありますね。この法律は、そのことばの意味を超えるものではありません。財産の創造やさらなる保証を与えるものではないのです。(122)

これはかなり極端な意見なので、現代の読者の支持は得られないだろう。出版産業の黎明期には、こういうみかたが貴族のあいだに一定程度あったのだろうか。それとも、ベケット側への支持が多いことに対抗するために、あえて極論をいったのか。

ペローは、それから「アン法」の全文を読み、一文ずつ丁寧に追いながらその意味を論じた。権利は永久だと主張する書店主を激しく非難し、たくさんの事例を示しながら、弁論をこうしめくくった――「アン法」以前に慣習法上の権利はなく、もしあったとしても、「アン法」が完全に、そして効果的に権利を奪ったと。[123]

質問への回答はこうなる。ドナルドソン側を支持したイヤーとまったくおなじではないが、似たような考えである。

Q1　著者には慣習法上の独占権があるか？　NO
Q2　その権利は、印刷・出版でなくなるか？　NO
Q3　訴権は「アン法」で奪われたか？　YES
Q4　著者と譲受人に永久独占権があるか？　NO
Q5　その権利は「アン法」で奪われたか？　YES

実はこの判定にも留保がつく。ディーズリーの研究によると、質問1と2にペローはYESだったとする文献が複数あるという。総合的にみて、ペローは慣習法コピーライトには反対だったろうと、ディーズリーは見解を述べている[124]。その点には注意しつつ本書では、より多くの文献の判断を採用することにする。

ドナルドソンに好意的な意見は久しく出なかっただけに、ペローの演説は議論を白熱させた。

つづいて演壇に立ったのは、グッドだった。五つの質問への彼の判定は、ネルスとおなじだった。基本的にはベケット側に賛成だが、慣習法上の永久独占権は「アン法」によって奪われたとする立場である。グッドの演説で特徴的なのは、本の独占についての彼の考え方だ。

慣習法の基本のひとつに、公衆の便宜を図ることがあります。ベケットたちはある程度の本の在庫をもっていて、買いたいひとの需要に応えているからこそ、訴訟の道理がとおるのです。もしそうでなければ、公衆に有害な独占になっていたでしょう。理不尽に長く絶版にしておくのは、元の所有者の財産を放棄したようなものです[125]。

書店は、コピーライトをもつ本の在庫をいつももっていて、公衆の読書需要に応えなければいけない――長期にわたる絶版は公衆にとって害悪であり、慣習法に反するというのだ。本という文化の独占者には、それなりの義務があるといいたかったのだろう。

このグッドとつぎのアダムスの弁論の記録は、あまり多くは残っていない。この日は五人もの弁論があったため、このふたりの話は、実際に短いものだったのかもしれない。あるいは、おおよその意見はすでに出尽くして、おなじことを繰り返すだけになっていたため、記録が端折られたのかもしれない。

アダムスは、特許、特権、国王勅許の性質を学問的に説明した。初期の本の歴史を振り返りたくさんの例を引用しながら、つぎのようなことを明快にいった――文学の所有権という慣習法上の権利はなく、「アン法」以前の著者・印刷業者は、特許以外の保証をもっていなかった。質問への答えはこうである。

Q1　著者には慣習法上の独占権があるか？　NO
Q2　その権利は、印刷・出版でなくなるか？　NO
Q3　訴権は「アン法」で奪われたか？　NO
Q4　著者と譲受人に永久独占権があるか？　NO
Q5　その権利は「アン法」で奪われたか？　NO

アダムスは、慣習法コピーライトを否定しており、ドナルドソンを支持している。(126) ここまで出された判定を粗くまとめると、ドナルドソン支持が三人、ベケット支持が六人になり、ベケット側が有利な流れは変わらない。まだ弁論をしていない裁判官は、各裁判所の主任の肩書きをもつスミスとデグレイ、そしてマンスフィールド卿の三名だった。彼らの弁論は、週あけの月曜日になった。

二月二十一日、月曜日。この日からは、まだ登壇していない残りの主任裁判官たちが、五つの質問に対する意見を述べた。

財務府会議室裁判所のスミス主任裁判官が、最初に弁論した。スミスの意見は、ベケット側を支持したアシュースト とおなじようなものだった。出版とは本の買い手に一冊の本を売ることであって、本を買ったひとがコピーを作ることを許したわけではないこと、「アン法」は慣習法を制限したり奪ったりしていないという意見だ。

アシューストが論じた、自分の畑を通る道路の地下にある鉱山の例をふたたび取り上げ、公共のものの奥底に私有物がありうることを力説した。また、「海賊版」に誤植をみつけても、著者はそれに修正を求めることができないのは不当だとも、スミスは論じている。[127]

五つの質問に対する答えもアシューストとおなじで、スミスも完全なベケット支持者だった。

つづいて、民訴裁判所のデグレイ主任裁判官が意見を述べた。デグレイはどちらかというと、ドナルドソン側に賛成だった。だが、記録によるとドナルドソン側についたほかの裁判官たちとは違って、著者に慣習法上の独占権があると、デグレイは判定したとされている。

五つの質問への答えをまとめると、こうなる。

Q１　著者には慣習法上の独占権があるか？　　ＹＥＳ

Q２　その権利は、印刷・出版でなくなるか？　ＮＯ
Q３　訴権は「アン法」で奪われたか？　ＹＥＳ
Q４　著者と譲受人に永久独占権があるか？　ＮＯ
Q５　その権利は「アン法」で奪われたか？　ＹＥＳ

ただしディーズリーによると、質問１についてデグレイの考えはＹＥＳだとする記録ばかりではあるものの、意見をよく読むと、実はデグレイは有体のコピーに対する慣習法上の独占権を認めているのであって、慣習法コピーライトは否定していたという。また、質問２への回答をＹＥＳとする記録も複数ある[128]。

沈黙と大演説

二月二十二日、**火曜日**。まだ意見を述べていない裁判官は、王座裁判所の主任裁判官マンスフィールド卿ひとりになった。いったい彼はどんなことをいうのか、議員と聴衆たちは固唾を呑んで待ち受けた。

ところが、そのマンスフィールド卿は——何も意見をいわなかった。記録によると、弁論を辞退したばかりか、五つの質問に対する賛否をすべて保留にした。

その理由は、謎に包まれている。マンスフィールド卿は、「ミラー対テイラー裁判」をはじめ数々のコピーライト裁判に深くかかわってきた経歴がある。この問題については、ほかのどの裁判官よりも専門的な意見をいえる。彼が口を開けば「ミラー対テイラー裁判」で自ら下した判決のとおり、ベケット側を支持したはずだ。

マンスフィールド卿の沈黙には、ドナルドソンの弁護団も驚いたことだろう。サーローはドナルドソンを強く弁護したが、マンスフィールド卿がどう出るか、内心はヒヤヒヤしていたに違いない。のちにサーローは、マンスフィールド卿への敬意をこめた、こんな追憶をしているのだ。

> マンスフィールド卿は驚くべき男だ。彼の意見や判決は一〇〇のうち九九は正しい。たとえ一〇〇のうちひとつはまちがっていたとしても、一〇〇人うち九九人はそのまちがいに気がつかない。彼は本当にすばらしい。[129]

たぶん、自分こそがマンスフィールド卿の誤りを指摘できる、そのひとりだといいたいのだろう。

それはさておき、ほかの裁判官たちのすう勢は、あきらかにベケット支持だった。それをみて、マンスフィールド卿はもう安心し切っていたのだろうか。「ミラー対テイラー裁判」の判決がふたたび俎上に載せられている――自分の判決に審判が下されようとしていることに、神妙な気持ちをあらわしたのだろうか。永年のライバルのカムデン卿がした質問などには、答えたくなかったのだろうか。自分の考えは「ミラー対テイラー裁判」のときにすでに述べたということなのか。あるいは、先の自分の判決はまちがっていたと、後悔していたのだろうか。

理由はわからないが、ともかくマンスフィールド卿は沈黙した。その結果、マンスフィールド卿を除いた一一人の裁判官の判定は、おおざっぱにいうとドナルドソン支持が四人、ベケット支持が七人という結果になった。裁判所別でみても、王座裁判所ではマンスフィールド主任を除く三名がベケット支持、民訴裁判所ではデグレイ主任がドナルドソン支持で彼以外の三名はベケット、財務府会議室裁判所ではスミス主任がベケット支持で彼以外の三名はドナルドソンと割れていた。

個別の質問に対する賛否をまとめると、このようになる。

	ドナルドソン支持	ベケット支持
Q1	3	8
Q2	3	8
Q3	5	6
Q4	4	7
Q5	5	6

個別の質問に対する結果をみると、すべての質問でベケット側が上回った。しかし、これまでも述べたように、この色分けについては異説もある。出版史研究者のジョン・フェザーは、質問4は5対5で不明1、質問5は7対4でドナルドソン支持としている。[130]「バローの報告書」[131]を分析したリチャード・トンプソンは、質問1について一〇人がベケットを支持し、そのうち八人が訴権まで認めたという。[132]上院が「永久著作権」に対する書店側の主張を認める可能性は十分にあった。

もしマンスフィールド卿が自説を表明していたら、ベケット側の有利はより決定的になり、判決に影響を与えたかもしれない。[133]ただし、これら裁判官の意見は、あくまでも上院議員が参考にするためのものなので、これで判決が決まったわけではない。その点には留意が必要だが、このままでは「永久コピーライト」が上院でも認められてしまう可能性があった。

そのときである。議員席でじっと議論に耳を傾けていたカムデン卿がおもむろに立ち上がり、沈黙するマンスフィールド卿を横目にみながら、「永久コピーライト」を粉砕する歴史的な演説をはじめた。少し引用が長くなるが、演説の勢いを感じ取ってもらいたい。

みなさん――健康を害していて声も弱々しいですが、わたしが心を砕いていることに努力することをお許しください。

わたしの職業の性質と議会への責務から、このような重要な質問に決定が下されるときに、「マンスフィールド卿のように」沈黙を保つことはわたしにはできません。議論のじゅうぶんな根拠は、［デグレイ］主任裁判官がみなさんにいいました。わたしは昨日話されたことが、みなさんの心に深く印象づけられることを望んでいます。

ベケット側のいいぶんは、特許、特権、星室庁判決、そして書店主組合の細則をもとにしています。それらはすべて、ひどい暴政と権利侵害によるものです。この王国の慣習法の痕跡など微塵もありません。そしていまや、わずかな根拠の寄せ集めと形而上学的な工夫で、彼らは何もないところから慣習法の精神を絞りだそうと努力してきました。架空の前例と権威からはじめて、それらを慣習法の原則のようなものから導いたかのようにでっちあげる努力をし、彼らのいいぶんはそれに頼っているのです。

永久コピーライトを夢見るひとはごくわずかでした。というのは、コピーライトをもっているというひとたちには国王大権の保証もなく、特権もなく、「ライセンシング法」もなく、彼らの要求を守る星室庁判決もありませんでした。一七〇八年に、眼に涙をため、希望もなく見放された請願者たちが議会にやってきました。彼らは同情を誘うために妻子を連れてきて、彼らに法律による保証を与えるように説きました。彼らは法律を得ました。そして何度も何度も、いっそうの法的な保護を得るために闘いました。

こういう権利主張は、イングランドの慣習法の何にもとづいているというのでしょうか？　まず、なぜベケットたちがいうように、考えるひとはすべて生きている限り自分のアイデアに権利をもつのでしょうか。ここで疑問がふたたび起こります。彼はいつその思考を手放すのでしょうか？　それはいつ公共のものになるのでしょうか？　それが彼の頭のなかにあるあいだは、誰も盗み取ることはできません。ですが、彼がアイデアを話し、それを個人的な、あるいは公共の場での談話に解き放てばどうなるでしょうか？　彼は思考をまとった息、空気、そしてことばに、権利を主張するのでしょうか？　この魅力的な所有物はいつはじまり、いつ終わり、いつまでつづくのでしょうか？

もしこの世界で人類が共有するものがあるとすれば、科学と学問こそが公共のものです。それらは空気や水のように自由で、普遍的であるべきです。科学と学問は創造主を忘れ、また創造主の最も崇高な贈り物と偉大な恩恵を独占しようとする輩をも忘却します。わたしたちが社会を作ったのは、人類共通の幸福のために互いの心を啓蒙し、能力を高めるためではないですか？わたしたちが天才と呼ぶ、神聖な輝きを放つ偉大なひとびと、恵まれたひとびと、崇高な精神をもつひとびとには、天が普遍的な利益のために作った教えを被造物である仲間に授ける権限が、神の摂理によって委ねられています。彼らは世界に対してケチであってはなりませんし、自分たちのために共有の蓄えをためこんではなりません。

わたしはパンのために書く三文文士のことをいっているのではありません。そのようなひとびとは、彼らの恥知らずな生産物で印刷所をいじめます。［「アン法」が定める］一四年間という期間は、彼らの腐りやすいゴミへの特権としては長過ぎます。それは、世界を導き大きな喜びを与えたベーコン、ニュートン、ミルトン、ロックには、なんの得にもなっていません。書店主が『失楽園』への対価としてミルトンに五ポンドを提示したとき、彼はそれを断って自らの詩を焼き捨てたりしませんでした。労働への報酬としては、みじめなほどわずかでしたが、作品の本当の値段は計り知れず、後代のひとびともそれにお金を払うことはわかっていました。

後世の書店主は、商売人がするように市場を買い占めて、独占者になりました。もし独占がみなさんの判決によって許されるならば、本が法外な値段になることを招くに違いありません。すべての価値ある著者は、現在のシェイクスピアのように彼らに独占されるでしょう。シェイクスピアが引退して作品を無造作に町に残したとき、もし彼がそこにいれば作品はまちがいなく公衆のものになったのです。ですが、ふたりの舞台関係者がシェイクスピアの作品を手に入れました。そしてシェイクスピア作品のいまの所有者たちは、そのコピーを彼らから手に入れたと偽っています。シェイクスピア自身は、わずかな報酬も受け取っていないのです。

いま争われている永久性は、ほかのどんなものよりも醜悪で利己的なものです。それは非難されるに値し、我慢ならないものです。知識と科学は、このような蜘蛛の巣の鎖でしばられるべきものではありません。一度かごから鳥が逃げたらもう取り戻せません。アイルランド、スコットランド、アメリカは彼女に「〔海賊版〕という」隠れ家を提供するでしょう。では、みなさんはどう行動しますか？

わたしは、「アン法」をいろいろな角度から考察したうえで、こう結論づけます――古いコピーは二一年間、そして新しいものは一四年間、権利を与えられることに注意することです。もし立法府が権利は永久だと思っていたならば、その保証についてもおなじように取り計らったはずです。[134]

逆転

弱々しい声を振り絞りながら、カムデン卿は信念に満ちた長い演説を終えた。この老人の明晰な論理と熱意あふれる姿に、ひとびとは心を動かされた。議場はしばしば静まり返ったことだろう。

――渦中のひとのアプスレー大法官が口を開いた。

かつてわたしが下した裁定が、いま問われています――あれは、王座裁判所での「マンスフィールド卿の」決定に、ただ、したがったものでした。いま、わたしは――ここにいる裁判官と上院のみなさんとおなじく、偏見をもたずに、この問題へのわたしの考えをいうことができます。[135]

書店主組合の主張は支持できないことを、大法官はこと細かに認めていった。そして最後には、「ドナルドソン側の意見にはっきりと賛成する」[136]とまで述べた。

完全な誤審宣言である。

そのとき、議員のトーマス・リトルトン（一七四四―七九）が、抗弁をした。自分は法律には詳しくはないのだが、カムデン卿の意見には反対だ。著者の所有権は、神聖で保護すべきものだ。それはすべての国で無限に重要で、芸術と科学は育てられ、奨励されるべきだ。文士がよく保護されれば、ひとびとはよりいっそう啓蒙されて心が広がり、彼らの理解力が成熟し、芸術と科学はその居場所を得ることができる。著者に永久の権利を許すことが最高の奨励だ。コピーを作る権利を共有にすることは、川の流れの幅を大きく広げるようなことで、最後にはその源が干上がってしまう。[137]

――このようなことを述べて、「アプスレー大法官の裁定は支持されるべきだ」[138]と、リトルトンはいった。彼はこのときまだ三〇歳で、前年に亡くなった父から上院議員の地位を譲り受けたばかりだった。若さゆえか、議論の流れが読めない唐突な弁論との印象がぬぐえない。

おおよそ議論が決したときになって、リトルトンがこんな発言をした背景は、裁判記録だけ追っていてはわからない。彼が唐突な発言をした理由は、この裁判で争われたトムソンの『四季』のなかにある。「春」の一節で、リトルトンの両親のロマンスが実名入りで詠みこまれているのだ。トムソンとリトルトンの父は親友同士だった。リトルトンにとって『四季』は、格別の思い入れがある詩集だったのだ。

リトルトンの演説は波紋を投げかけたかもしれないが、議論の流れを変えるほどの力はなかった。最後に、カーライル主教のエドモンド・ロー（一七〇三―八七）とエフィンガム卿（生没年不詳）が演壇に立ち、この種の所有権に強く反対するといった。

マンスフィールド卿は、とうとう最後まで何もいわなかった。アプスレー大法官とともに自身の裁定も問われていたにもかかわらず、またコピーライトをめぐる議論の経緯を誰よりも熟知していたにもかかわらず、「銀の舌をもつ」といわれた男は、謎に包まれた沈黙をとおしたのだった。以上をもって結審となり、上院議員が判定票を投じた。『イングランド議会史』の記録をみると、ドナルドソン側を支持した二三名とベケット側を支持した一一名の名前がある。ところが、この日は八四名が票を投じたという記録や、判定は二二対一一だったという記録もあり、はっきりしない。評決は、賛成者の声の大きさでもって行われたのではないかという説もある。[139]

いずれにしても、こうして「海賊出版者」ドナルドソン親子の主張が認められ、「永久コピーライト」はイギリスの最高法廷で退けられた。マンスフィールド卿にしてみれば、自分が下した無数の判決のなかで、上級審でひっくり返されたものは、これを含めて生涯で六例しかない異例なことだった。[140]

独占書店主たちの欲望に満ちた見果てぬ夢は、ここについえたのである。エジンバラではひとびとが音楽を奏で、旗を振りながら通りをパレードし、ドナルドソン親子の勝利を祝ったという。[141]ドナルドソンが発行していた新聞「エジンバラ・アドバタイザー」の一七七四年三月一日号は、裁判に勝った喜びと法廷の熱気を、このように伝えている。

この問題は、すでに三〇年以上にわたって争われてきたが、イングランド・スコットランドの双方でいま、幸運のうちに決着した。そしていまや、大ブリテンの著者たちは、ほかのどの国よりも恵まれている。ほかの国では、著者たちはかなりの金額を払って一四年間の特許を取ることを強いられているが、ブリテンでは、「アン法」の定めにより、金銭的な負担なしに一四年から二八年間の確固とした特許が得られる。

ひとびとの関心を、これほどまでに集めた訴訟はなかった。そして上院でのこの裁判のあいだ、かくも多くのひとびとが判決の行方に興味をもったことは、これまでの上院の歴史にはない。（休会をふくめて三週間、審議は八日間に及んだ。）大勢の貴族が出席し、成り行きを注意ぶかくみまもった。[142]

この記事は、まわりくどい文章になっているので、判決の趣旨がわかりにくい。記事によると、この判決により最長で二八年間の「文学の所有権」が、イギリスの著者たちに無料で与えられることが確認された――裏返していえば、「文学の所有権」は、二八年で切れるということでもある。

この判決をドナルドソン親子がどこで聞いたかの記録はない。息子のジェームズは、「エジンバラ・アドバタイザー」で判決を速報するために、エジンバラにいた可能性が高い。父のアレクサンダーはロンドンに住んでいたので、おそらく法廷のどこかに陣取って、判決を見守っていたのではないだろうか。判決の瞬間は、サーロー、ダリンプルとともに喜びをわかちあったことだろう。あるいは、カムデン卿とも一瞬視線を交わし、お互いの目的をはたした満足感を共有したのではないか、そんな勝手な想像をしても許されるだろう。

独占書店主たちは、自分たちの永年の主張が、上院でこっぱみじんにされてしまった。しかし、彼らはそう簡単に引き下がるひとたちではない。判決から六日後の二月二十八日にはもう、新たなコピーライト保護法を求める請願を、八七人の署名を集めて下院に提出した。[143] それを受けて下院に委員会が設置され、サーロー、ダニング、ウェダーバーンらが意見を述べた。そして独占書店主のための新たな救済法案が作られ、下院に上程された。これに対して、ドナルドソンをはじめ、エジンバラ、グラスゴー、ヨークなどの書店主たちが反対請願を出した。五月十日の下院での第二読会では、反対請願者を代表してダリンプルが発言している。

五月十三日の聴聞会では、弁護士のウィリアム・マンスフィールドが意見を述べている。マンスフィールド卿と同姓同名だが、『イングランド議会史』にはここだけ「Lord Mansfield」ではなく「Mr. Mansfield」と記録されているので別人である。[144] 彼は、独占書店主の側に立ち、権利は「アン法」よりも長く保護されるべきだといった。そして、ドナルドソンと彼の弁護人たちを非難した。アレクサンダー・ポープ（一六八八―一七四四）が訳した「ホメロス」のドナルドソン版で、注釈から二万三八五一行分が削られていることをあげて、「海賊版」が正確でないとあげつらった。

そして「ウェストミンスター・ホールの最高法廷は、慣習法上の権利がないと思い違いをした」[145]と、上院の判決を批判した。さらに、ドナルドソンは大法官府に差止められるまえに「海賊版」を売り抜けようとしていたことから、「慣習法上の権利が確かにあると、ドナルドソンも考えていたのはあきらかだ」[146]といった。

ウィリアム・マンスフィールドの弁論が功を奏したのか、新法案は下院を通過する。ところが、上院では例のカムデン卿とアプスレー大法官らが、独占書店主を利する新法案を徹底的に叩き、廃案に追い込んだ。これによって、慣習法にもとづく「永久コピーライト」は認められないと確定した。

ジョンソンの見方

『サミュエル・ジョンソン伝』には、一七七六年当時のジョンソンの『英語辞典』の流通経路と、中間マージンが書かれてある。それによると、『英語辞典』の小売価格は二〇シリングだが、原価は七―八シリングである。出版者は六―七シリングの利潤を見込んで、一四シリングの値段でロンドンの総代理人キャデルに売りわたす。さらにキャデルには、二五冊の注文につき一冊のおまけをつける。キャデルは一シリングのマージンを取って、一五シリングで卸売り人のエドワード・ディリー（一七三二―七九）に売る。ディリーはそれを一六シリング六ペンスで地方の書店主にわたす。そして店頭には二〇シリングで並ぶ――ざっとこんな具合である[147]。

一八世紀なかばには、このように何段階もの仲介業者が入った流通システムが、すでにできあがっていた。そのおかげで、地方の書店でもロンドンで流行の本を手に入れることができた。しかし、仲介業者が増えれば増えるほど、本の値段は高くなった。

本の流れをみると、あきらかにキャデルのところが余計である。キャデルはミラーの後継者で、遺言執行人だった。キャデルのような大書店主は、印刷だけではなく流通も独占して、利益を手にしていた。キャデルは「危険も冒さず信用売りもしない」(148)と、ジョンソンは評している。商人としての手腕は、抜群の男だったのだろう。

そのジョンソンはドナルドソンのことを、どうみていたのだろうか。ドナルドソンがロンドンに出店したころから、ジョンソンは彼に関心をもっていた。ドナルドソンの手法にはかなり批判的だったが、ミラーらが主張した永久の権利には、はじめから反対だった。

法律家ジョージ・デムスター(一七三二―一八一八)とジョンソンの一七六三年七月二十日の会話を、ボズウェルは記録している。

エジンバラの書店主アレグザンダー・ドナルドソン氏はこの数年来ロンドンに店を開き、著作財産〔Literary Property〕についての普通法〔慣習法〕上の権利を敢えて無視して多くの人気のあるイングランドの書物を廉価版で売りさばいていた。この種の権利が存在しないと裁定したその後の上院の判決の結論にジョンソンは同意したが、この時は彼は自分が一貫して変らない愛情を寄せてきたロンドンの書店主たちが従来安全な既得権と考えてきたものへの侵害行為として非常に憤激し、大声でドナルドソンの非を鳴らした。「彼は自分の仲間の利益を侵害するために法律を悪用する奴だ。法令は確かに十四年間の独占権を規定しているだけだが、これまでの業界の通念では、著者から書物の版権を買った人間は永久の財産権を有すると一貫して理解され、この法定期間の消滅後にもこの信念にもとづき、財産権の移転のための無数の商行為が締結されてきた。ところがドナルドソンは今や慣習上明らかに正当な権利を有する人々を出し抜いたのだ。彼らが版権を買った書物で後に利益を生むものが、極めて寥々《りょうりょう》たる数であるのを考える時に、我々はこの十四年間の期間が短かすぎるという意見にならざるをえない。それは六十年間が適当だろう。」デムスター、「先生、ドナルドソンは文芸の奨励に熱心な男です。彼は書籍の値段を、貧しい学生にも買える低いものにしました。」ジョンソン（笑いながら）、「君、彼の動機をその通りだと認めても、それじゃ彼は貧しい人に施すために金持から金を奪ったロビン・フッドと変りないわけだ。」

ドナルドソン氏の極めて熱烈な努力の結果として、著作財産権の大問題がようやく最終的にこの国の最高法廷で審理されるに及んで、ジョンソン博士が永久な権利に強く反対したことは注目すべきである。しかし彼は独占的な著作権の期間は従来よりも大幅に延長されるべきだと考えた。この当時彼は、百年が適当だろうと考えていた(149)。

コピーライトについてのジョンソンの持論は、どのようなものだったのか。それを知るもうひとつの手がかりが、友人たちとの雑談のなかにみられる。ドナルドソンとベケットがスコットランドの民事上級裁判所に闘いの場を移していたさなかの、一七七三年五月八日の会話である。

著作家には（と彼は言った）単なる占有にもとづく権利よりも一段と強い権利、いわば創作の権利とも言うべき形而上的な権利があると信ぜられ、そしてその本性上この権利は永久であるはずだが、諸国民の考えは一致して、そして実際に理性の声も学芸の利益も同様にそれに反対している。つまり永久の著作権があるならばどんな有益な書物であっても、著作権者〔proprietor〕がその普及を制限する魂胆を持つ限り広く人類の間に流通できなくなる。また著作権者が頑迷に反対すれば、或る著作を皆に分らせる上でぜひ必要な注解を付して編集する機会も奪われてしまう。世界全体の利益のためには、それ故に一旦著者によって創造され公刊された作品は、もはや彼自身の私有物ではなく公共の財産だと考えらるべきだ。と同時に著者はそれへの充分な報酬を受ける権利を持つ。これは自分の著作に関する相当期間に及ぶ排他的権利、という形にすべきだと僕は思う[150]。

公刊された作品がもつ公共性の確保と、著者への利益配分との、バランスの取れた考え方だ。ジョンソンのように大書店の搾取にあってしまうと、今度は自分の利益をしっかり守ろうとするものだ。どこまでも公共心をなくさないジョンソンは、やはり偉いというしかない。もちろん、排他的権利が及ぶ「相当期間」の適切な長さについては、また別の課題として残る。

ジョンソンがコピーライトに関心を寄せたのは、たんに経済的な利益を得たかったからではない。初版のときに気づかなかった誤謬の修正や、学問の進歩に合わせた書き直しをするためには、著者がコピーライトをもつことが大事だと考えていた。テクストがほかのひとの財産になってしまえば、著者の意のままに改訂版を出せないからだ。

もし「アン法」で定められたコピーライトが違ったものだったら、ジョンソンは『英語辞典』の改訂版をもっと頻繁に出すことができたろう。[151]『英語辞典』の初版は一七五五年なので、そのコピーライトはジョンソンが亡くなる前年の八三年まで書店主たちのものだった。ジョンソン自身による『英語辞典』の改訂版は、七三年の第四版が最後になった。もし『英語辞典』のコピーライトがジョンソンにあったならば、当時のひとびとはより完璧な辞典を、多様な版元からもっと早く手に入れることができたかもしれない——そんな憶測も許されよう。

ほかの文人や貴族たちとおなじように、ボズウェルやジョンソンも「ドナルドソン対ベケット裁判」の行方を見守っていた。「ヒントン対ドナルドソン裁判」の法廷で弁護をしたくらいなので、ボズウェルがドナルドソンの味方だったことはいうまでもない。上院での裁判の直前に、ボズウェルはヒントン裁判の論点と経緯を書いた三七頁のパンフレットを、ドナルドソン書店から出版した。ドナルドソンへの支持を世論に訴えようとしたのだろう。[152]ボスウェルの本が上院での裁判のまえに出版されるように、ドナルドソンは開廷を一ヶ月先延ばしにすることを請願したとする説もある。[153]

一七七四年二月七日のジョンソンの書簡には、「文学上の著作権〔Literary Property〕の問題が今日上院に提出されました。マーフィは訴訟人の側の主張、つまり永久的な権利に反対する言分を起草しました。私はそれを見ていないし判決がどうなったかも知りません。私も永久的な権利に反対です」[154]

と書かれてある。上院での裁判がはじまったのは二月四日だったので、ジョンソンの情報はやや遅れているといえるが、三日くらいの違いはどうということのない時代だったのだろう。

先に引用した一七六三年七月二十日のデムスターとの会話にあるように、上院の判決にジョンソンも同意していた。判決以後もコピーライトの問題には関心をもっていたようで、ボズウェルはいくつか記録を残している。

一七七五年には、ある書店主が利益の三分の一しか書き手にわたさなかったこと、しかもその契約期間が九九年間だったことを取り上げて、「僕は著作権〔Literary Property〕の問題に関連してこの文書をサーローに手渡すことを思いつけばよかったと後で思った。それは貧乏文士に対する書店主の圧制のどんなに素晴らしい証拠文書になったことだろう！」[155]と皮肉っている。

また、著名な詩人たちの作品が、一七七九年の時点でもなお、「この当時の上院による永代文学著作権〔Literary Property〕の禁止の判決にもかかわらず、互いの協約にもとづいて依然名誉上の版権〔honorary copy right〕を有していた何人かの書店主」[156]にコントロールされていたことを、ボズウェルは書いている。

つまり、コピーライトは永久ではないという上院の判決が、はたしてどのくらい実効あるものだったのか、疑わしいということだ。実際、ロンドンでの本の流通に、独占的な大書店主たちがはたしていた役割は大きかったろう。上院の判決が出たからといって、その大書店主たちがお互いの商慣行をないがしろにすることはなかったと思われる。

判決はドナルドソンがしていたような「海賊出版」に居場所を与えたが、出版業界を根底から変えることはなかったと、わたしはみている。なぜならば、いわゆる「海賊出版」が認められたのは「アン法」の保護期間を過ぎた本だけだったからだ。近年流行の新作は、「アン法」によってしっかりと守られていた。これはすなわち、「アン法」の精神である「学問の振興」のために、コピーライトを「一定の期間だけ」守る必要があるという社会的な了解が、たしかなものになったことを意味している。

また、学説史からいうと、「ドナルドソン対ベケット裁判」では、慣習法コピーライトは完全に否定されたとの説が、米国の著作権法学者ハワード・アブラムス（一九四〇―二〇二〇）による一九八三年の論文以後は有力視されている[157]。本書の記述も、その流れに寄りそっている。それに対して、裁判で否定されたのは出版後の本についての慣習法コピーライトであって、出版前の原稿に慣習法コピーライトがあることは否定されなかったという説も以前からある[158]。前者の立場に「修正主義者」のレッテルを貼る論者もいる[159]。ただ、イギリスでは一九一一年制定のコピーライト法で、出版前の原稿の慣習法コピーライトも明確に否定されたので、いずれにせよ現在の状況に直接の影響はない。

第4章　スコットランドの「悪徳な知」の系譜

スコットランドの運命の石

そもそもドナルドソンは、なぜ「海賊出版」をするようになったのだろうか。それを探るには、スコットランドの歴史、そして一八世紀当時の社会・経済と出版事情を知る必要がある。この章ではスコットランドで文芸が勃興した理由と時代の雰囲気を紹介し、ドナルドソンが登場した背景をみていきたい。(160)

スコットランドというと、バグパイプにタータン柄のキルト、スコッチ・ウィスキー、ネス湖のネッシーなどが、ステレオタイプなイメージだ。そうした独特な文化が残っていることには理由がある。いまのスコットランドはイギリス北部の一地方だが、一六〇三年まではイングランドとは別の国王を、一七〇七年までは別の議会をもつ独立国だった。それがイングランドに吸収されるような恰好で合邦したのだ。この合邦という事態が、両国の出版業界にもたらしたさまざまな矛盾を知っておかないと、「ドナルドソン対ベケット裁判」はわからない。

まず解くべき最大の謎がある――エジンバラという北の辺境の地で、出版業がたいへん栄えたのだ。それはなぜだったのだろうか？

一八世紀のスコットランドからは、綺羅《きら》、星のごとく豊富な人材が出ている。アダム・スミス、デビッド・ヒューム、ジェームズ・ワット（一七三六―一八一九）、アダム・ファーガソン――みなイギリスを近代文明へと導いた立役者たちだ。彼らはみなエジンバラやグラスゴーで活躍し、しかもお互いが人的なネットワークで結ばれていた。

彼らを中心とするひとびとが展開した思想運動のことを、スコットランド啓蒙主義あるいはスコットランド・ルネッサンスという。スコットランドこそが近代文明の「ゆりかご」だったのではないかと、注目されてもいる。一八世紀のエジンバラのことを、ギリシャ文明の中心地になぞらえて、「北のアテネ」だったというい方もある。

だが、いきなり一八世紀スコットランドの話をしても、背景のわからないことが多い。そこで、まずはスコットランドに国の形がみえてきた時代から、歴史の流れをざっとみておこう。

イギリスには「運命の石」という、何やら魅力的な名前をもつ砂岩がある。石が採れたスコットランドの地名を取って、「スクーンの石」と呼ばれることもある。まったくの偶然なのだが、スクーンはマンスフィールド卿の出身地でもある。わたしが「運命の石」をはじめてみたのは一九九二年のことだった。そのとき、石はロンドンのウェストミンスター寺院のなかの、戴冠式に使われる木製のみすぼらしい玉座の下にあった。椅子の下にすっぽり入る大きさの、お世辞にもきれいとはいえない石だ。

「運命の石」はもともと、スコットランド王の戴冠式に使われていた。一二九六年に戦利品としてイングランドに持ち帰られ、それからずっとイングランド国王の戴冠式に使われてきた。「運命の石」の上で戴冠した者こそが、正当なイングランド国王として認められてきたわけだ。何の変哲もないような石だが、王権の象徴として大切にされてきた。

二〇〇二年にわたしが二度目にみたとき、「運命の石」はエジンバラ城のなかにあった。スコットランドからの返還要求に応じて、略奪から七〇〇年目にあたる一九九六年に、故郷に返されたのだ。いまでは、イギリス国王の戴冠式のときだけ、エジンバラからウェストミンスター寺院に運び込まれ、玉座の下に据えられる。

「運命の石」からは、両国の複雑な歴史が垣間みえる。八四三年にスコットランドに王権を確立したのは、ケニス・マカルピン（?—八五八?）だとされている。全土を支配する王国ができたのはもう少しあとで、一一世紀のダンカン一世（?—一〇四〇、在位一〇三四—四〇）の時代だった。

代々のスコットランド王は、イングランド王にしたがっていた。ダンカン一世からつづいたキャンモア家が一二九〇年に途絶え、スコットランドの貴族たちはイングランド王エドワード一世（一二三九—一三〇七、在位一二七二—一三〇七）に国王選びの調停を頼んだ。彼が選んだのは、ジョン・ベイリャル（一二四九?—一三一三、在位一二九二—九六）という王族だった。

ベイリャルはイングランドが仕立て上げた国王ではあったが、エドワード一世とはうまくいかなかった。ベイリャルがフランスと同盟したとき、それを口実にエドワード一世はスコットランドに攻め込んだ。エドワードはウェールズを征服したばかりで、つぎはスコットランドをと、虎視眈々と狙っていたのだ。イングランドの軍事力は、圧倒的だった。スコットランドは惨敗し、エドワードは戦利品として「運命の石」を持ち去った。

ベイリャルが敗れたすぐあとに、愛国者で知られるウィリアム・ウォレス（一二七〇?―一三〇五）があらわれて、一時はイングランド軍を打ち破る活躍をした。だがそのウォレスも結局は捕らえられ、ロンドンでとても残酷な方法による死刑に処せられた。ちなみに、ウォレスのことは、「ブレイブハート」（一九九五）という映画になっている。

ウォレスと行動を共にしていた王族にロバート・ブルース（一二七四―一三二九）がいる。ロバートはエドワード一世に反抗して、スコットランド国王ロバート一世（在位一三〇六―二九）として、王国の独立を宣言した。もちろんエドワード一世は兵を差し向けたが、ロバートは巧みに追っ手を逃れた。

そうこうしているうちに、エドワード一世がこの世を去る。しかも世継ぎのエドワード二世（一二八四―一三二七、在位一三〇七―二七）はスコットランドに関心がなかったために、ロバート一世はスコットランド王として生きることができた。このロバート一世の孫のロバート二世（一三一六―九〇、在位一三七一―九〇）が、のちに両国の統一王家となるスチュアート家の祖になる。

一五―一六世紀には、スコットランドをしたがえようとするイングランドとのあいだで、血生臭い争いが繰り返された。一五五八年にメアリ一世が死亡して、イングランド王がプロテスタントのエリザベス一世（一五三三―一六〇三、在位一五五八―一六〇三）になると、彼女は両国の文化交流に力をそそいだ。エリザベス一世が結婚もせず、子どもも産まずに没したあと、一六〇三年にスコットランド王ジェームズ六世（一五六六—一六二五、在位一五六七—一六二五）がイングランド王ジェームズ一世（在位一六〇三—二五）として迎えられる。イングランド王家とスチュアート家は、エリザベス一世の祖父にあたるヘンリー七世（一四五七—一五〇九、在位一四八五—一五〇九）の時代から姻戚関係を強めていて、エリザベス一世から一番近い血縁がジェームズだったからだ。

こうして、イングランドとスコットランドの王家が統合され、両国は同君連合になった。つまり、イングランド国王がスコットランド国王をも兼ねることになったのだ。ウェストミンスター寺院の「運命の石」は、スコットランド征服の証から統一王家の象徴へと性格が変わった。

イングランドとの合邦

スコットランドのことばは英語の一方言だが、外国人が聞けばまるで別の国のことばだ。おなじことばを話す者どうしは、すぐ仲よくなってしまうものである。イングランドに住むスコットランド人に、同郷意識や郷土愛が芽生えたとしても不思議はない。スコットランド人の場合、その傾向がとくに強い。ジョンソンは、こんな皮肉をいっている。

> アイルランド人はスコットランド人に比べて我々イングランド人と遥かにうまくやって行く。彼らの言語はずっとイングランドの言葉に近い。その証拠に彼らは役者として非常に成功するがスコットランド人はそうじゃない。その上、君、彼らにはスコットランド人に見られる露骨な郷党意識がない。ボズウェル君、君の同国人の中で君が最もスコットランド離れした人間であることを僕は躊躇なく認める。君は今まで会ったスコットランド人で、二言目には必ず誰か別のスコットランド人を持出すことをしないほとんど唯一の事例だ[161]。

地理的にはスコットランドは低地と高地という、ふたつの地方にわけられる。低地はエジンバラやグラスゴーを含む、イングランドに近い地域をいう。気候がやや穏やかなのに加えて、イングランドに近いので商工業や文化が栄えた。それに対して高地では、土地がやせていてしかも寒冷で、目立った産業もなく、ひとびとは厳しい生活を強いられていた。

スコットランドは、氏族のつながりが強い国だ。血縁のつながりは、とくに高地地方で強い。低地と高地の差、そしてこの氏族がスコットランド文化を複雑にしている。スコットランドは、決して一枚岩の国家ではなかった。

同君連合によってジェームズ六世（イングランド王ジャームズ一世）はウェストミンスターへ行ってしまい、短期の滞在を除けばエジンバラに戻ることは生涯なかったようだ。貴族たちは国王にすり寄ってイングランドでの栄達を夢みる者や、カトリック国のフランスを頼ろうとする者にわかれ、政治が機能しなくなっていた。

一六八八年に名誉革命が起こり、イングランド王ジェームズ一世の孫のジェームズ二世（一六三三—一七〇一、在位一六八五—八八）が追放され、オランダ人のウィリアム三世（一六五〇—一七〇二、在位一六八九—一七〇二）と彼の妻でジェームズ二世の娘でもあるメアリ二世（一六六二—九四、在位一六八九—九四）が共同で即位した。そのふたりではなく、ジェームズ二世とその男系の子孫こそが正当な国王だとする政治グループがジャコバイトである。

ジェームズ二世はカトリックで、しかもフランスの支援を受けていたので、ジャコバイトとは親カトリック・親フランス運動のことも意味する。とくにスコットランドでは、それが反イングランド運動と結びつき、一八世紀には高地地方のジャコバイトがたびたび反乱を起こした。

一六九五年の人口は、イングランドが約六〇〇万人だったのに対して、スコットランドは約一〇〇万人だった。国家の年間収入はイングランドの四〇分の一で、ポンドの値打ちは一二分の一である。スコットランドは、ヨーロッパでもっとも貧しい国のひとつだった。(162)

政治的な混乱に災害と貧困が追い打ちをかけた。一六九五年から九九年には、天候不順による飢饉がスコットランドを襲い、人口の約一三パーセントにあたる一〇万人以上が餓死した。(163) イングランドとの経済格差は開く一方で、とりわけ高地地方の惨状は目に余るものがあった。

首都のエジンバラでも経済はよくなかった。アダム・スミスも「合邦以前のエディンバラには、商業や工業はほとんどなかった。スコットランド議会がもはやそこで開かれなくなり、そこがスコットランドの主要な貴族や郷士にとっての必要な居住地でなくなったとき、同地はいくらかの商工業をもつ都市となった」[164]と『国富論』に書いたくらいだ。

スコットランドが貧しい理由は、気候の厳しさだけではなかった。イングランドやスペインは、新大陸に植民地をもっていたが、スコットランドにはない。イングランドの東インド会社がもっていたような交易ルートもない。

そこで、植民地と金になる交易ルートの両方を、新大陸にいっぺんに作り上げようという計画が持ち上がった。そのプロジェクトを「ダリエン計画」という。

「ダリエン計画」とは、いまのパナマ運河近くにあるスペイン領のダリエンという場所に植民地を作るものだった。ダリエンは、五〇キロメートル弱の幅の陸地で太平洋と大西洋が結ばれる土地だ。そこを植民地にしてしまえば、ふたつの大海原を結ぶ交易の拠点になることは目にみえている。すばらしいアイデアだと、誰もが思った。スコットランドの貴族たちはこの計画に命運を託し、莫大な投資をした。スコットランドにあった現金の半分が、「ダリエン計画」に投じられたという。

一六九八年に一二〇〇名の植民者を乗せた三隻の船が、ダリエン目指して運命の出航をした。新世界に到着したのは、同年の十一月三日だった。ところが、彼らを待ち受けていたのは、想像を絶する過酷な運命だった。マラリアで死ぬ者が一日平均で一二人にものぼった。スペインの攻撃でも大勢が命を落としたが、イングランド軍はその様子を傍観していた。スコットランドが失敗するのを黙ってみていたのだ。ようやく生き残った者は、酒におぼれる毎日だった。[165]

こうして「ダリエン計画」は、たった半年で完全な失敗に終わった。一六九九年七月に、スコットランドへの引き揚げ船がダリエンを出たが、生きて帰ることができた植民者は、ほんのわずかだった。同年には二度目の植民を試みるも、結果はおなじだった。

これらの大失敗で、スコットランドの経済は、完全に破綻してしまう。スコットランド内には、「ダリエン計画」の失敗はイングランドのせいだと考えるひともいた。「ダリエン計画」のことがなくても、自分たちを属国視するイングランドの姿勢を、快く思うスコットランド人はあまりいなかった。

一方、イングランドにとっては、スペイン継承戦争（一七〇一―一四）を憂いなく進めるためには、スコットランドを懐柔しなければならなかった――その究極の策がイングランドとスコットランドの合邦である。

イングランド政府の密命を受けて、合邦へ向けての世論工作に奔走したのが、『ロビンソン・クルーソー』（一七一九）の作者として知られるダニエル・デフォー（一六六〇?―一七三一）である。デフォーは国中を回って各地の動向を分析し、政治パンフレットを書いては世論を合邦へと導いた。

スコットランド貴族にしてみれば、合邦には好都合な面もある。ウェストミンスターで出世できれば、「ダリエン計画」での損失も取り戻せるだろう――一七〇六年の合邦協議の場にあらわれたスコットランド貴族は、そんな下心をもっていたのかもしれない。協議の焦点は、スコットランド側に支払われる見返り金と、スコットランド貴族のイングランドでの処遇の二点だった。

合邦前のイングランドの上院は、一七〇人の爵位貴族と二六人の聖職者で構成されていた。一方、スコットランドには一二〇人の貴族がいて、その全員に議席が与えられていた。協議の末、選挙でスコットランドから一六名の代表貴族を選び、彼らにウェストミンスターの上院議席を与えることになった。(166)

合邦協議はこのようにまとまり、一七〇七年にスコットランドはグレート・ブリテン連合王国の一部になる。合邦条約には、スコットランドの私法と裁判所はそのまま残されることも盛り込まれた。

先に述べたように、こういった制度上のひずみを巧みに使って、ドナルドソンは闘いを有利に進めた。

スコットランドの民衆は、貴族たちが勝手に進めた合邦に強い反感をもった。それが高地地方のジャコバイトとつながり、一八世紀にたびたび起こった動乱の原因になった。なかでも、一七一五年と四五年の武力蜂起は大きかった。一七四五年の反乱が自滅したあと、ロンドンの政府はスコットランドの文化的なアイデンティティーを奪う政策をとる。氏族に独特なタータン柄の使用も、そのとき禁止された。

イギリス国歌「国王（女王）陛下万歳」の、いまは歌われることのない六番には、こんな歌詞がある。

神よ、ウェイド将軍を助け
勝利を与えよ
反乱を鎮め
激流のごとく
反逆のスコットランド人を粉砕せしめん

国王（女王）陛下万歳！

ウェイド将軍とは、一七一五年のジャコバイトの乱を鎮圧した司令官のジョージ・ウェイド（一六七三―一七四八）のことである。イギリスという国の成り立ちを考えさせられることばが連なっている。スコットランド人がこの歌詞をみれば、いい気はしないだろう。合邦に対する民衆の不満はいまでもつづいていて、それがスコットランド独立運動をくすぶらせる源になっている。

教会と識字率

スコットランドの歴史と文化を語るのに、宗教改革者ジョン・ノックス（一五一四？―七二）と長老派教会のことは欠かせない。(167) 宗教改革が、識字率の向上と印刷・出版文化の発展をもたらしたのだ。ジェームズ六世の母のメアリ・スチュアート女王（一五四二―八七、在位一五四二―六七）の時代まで、スコットランドはカトリック国だった。メアリ・スチュアートは、イングランド女王でカトリックのメアリ一世（俗称「血まみれのメアリ」）と同時代人なので、話がややこしい。

ノックスももとはカトリックの聖職者だったが、宗教改革者のジョージ・ウィシャート（一五一三―四六）の影響で回心し、プロテスタントになった。イングランドで布教するも、メアリ一世の迫害にあってジュネーブに逃れ、そこでジャン・カルヴァン（一五〇九―六四）に学んだ。そして、メアリ一世が死亡した翌年の一五五九年に、カトリックのスコットランドに戻った。

エジンバラに戻るとすぐに、ノックスは中心部のセント・ジャイルズ大聖堂の牧師になる。ノックスは説教でカトリックを厳しく糾弾し、偶像を破壊した。彼の教えはスコットランドのほぼ全土に広がり、カトリックは周辺部に残るだけになった。

ノックスがプロテスタントの布教に成功した理由のひとつには、カトリック教徒のメアリ・スチュアート女王が不在だったことがある。彼女はフランス皇太子と婚約し、一五四八年に五歳でスコットランドを離れ、夫と死別して帰国したのが一五六一年だった。戻ったころにはもう、ノックスの教えがすっかり広がっていた。

帰国したメアリ・スチュアートは、なんとかしてノックスを抑えこもうとした。宮殿でノックスと四度も接見し、かなり激しい宗教論争もした。しかし結局はノックスと妥協する。貴族たちもカトリックとプロテスタントに割れていたし、自身も再婚をめぐってスキャンダルを起こし、イングランドへ逃げざるをえなくなったからだ。

プロテスタントのエリザベス一世は、イングランドに逃げてきたメアリ・スチュアートを一八年間も幽閉し、最後には処刑する。メアリ・スチュアートがスコットランドを脱出したあと、プロテスタントの貴族たちは、彼女の息子でまだ赤ん坊だったジェームズ六世（のちのイングランド王ジェームズ一世）を、プロテスタントとして育てた。以来、スコットランドはプロテスタントが支配的な国になる。

ノックスにはじまるスコットランドのプロテスタントのことを、長老派教会という。牧師に加えて教会員から選ばれた「長老」が教会の運営にかかわるので、この名がついている。

長老派教会の教えには、とても重要な特徴がある。それは、聖書に書かれていないことは許されていないことだとする教えである。聖書絶対主義からはふたつの要請が生まれる。ひとつは聖書を印刷して広めることであり、もうひとつは聖書を読む力を信者につけさせることだ。

印刷術を使って聖書の内容を広めることは、知識の伝達の面でたいへんすぐれた戦略である。説教だけだと、信者が教会に来ないことには、教えを広めることができない。だが、印刷物になっていれば、家にいても長老派教会の教えに触れることができる。教理問答書、聖書、賛美歌集がイングランドから持ち込まれ、いわばその「海賊版」が大量生産された。それがスコットランドの出版業の基盤になった。

聖書を読むための識字教育にも、長老派教会は力を入れた。一八世紀はじめのスコットランドには、イングランドよりも優れた初等教育システムがあった。一六九六年には学校設置法ができて、スコットランドのすべての教区に学校が置かれた。その目的は、子どもたちに聖書の読み方を教えるためだった。[168] 教区学校のカリキュラムの基本は、短い教理問答、賛美歌、読み・書き・算術で、ラテン語も少し教えられていた。[169]

ところで、当時のスコットランド人はどのくらい字を読めたのだろうか。昔のひとがどれだけ字を読めたかは、はっきりいって正確にはわからない。何をもって文字が読めたとするかによって識字率は変わる。よく使われるのが、自分の名前を書くことができたかという基準である。これならば、昔のひとのサインを調べればいい。

ロバート・アラン・ホーストンの『スコットランドのリテラシーとアイデンティティー』(一九八五)には、古い記録に残っているサインの調査結果がある。それによると、一七―一八世紀の職業別の識字率は、百分率でつぎのとおりだった。[170]

	イングランド		スコットランド	
	一六四〇—九九	一七〇〇—七〇	一六四〇—九九	一七〇〇—七〇
専門職	九七	一〇〇	九七	九九
地主	一〇〇	一〇〇	九九	九七
商工業者	五七	七四	七五	八二
小作農	五一	七四	七四	六八
自作農	二五	五八	該当なし	該当なし
労働者	一五	三七	一八	三二
召使い	二七	五〇	四二	四五
兵士	四五	五四	三五	六一
不明	三八	七〇	四九	五三

一七世紀の下層民衆で比べると、イングランドよりもスコットランドのほうが識字率は高い。しかし、一八世紀にはその差はかなり解消されている。ただしスコットランドは低地地方の数字で、北の高地地方や周辺部の識字率は、ヨーロッパでもっとも低いほうだった。

先に述べたように、スコットランドの、とくに低地地方で識字率が高かった理由は、長老派教会の教えにある。長老派教会では、聖書に書かれてあることがすべてで、聖書にないことは異端とみる。偶像は徹底的に退けるし、魔女狩りもした。子どもたちに聖書を読む力を身につけさせるべきだと、長老派教会の信者は考えていた。ノックスも、『戒律についての第一の書』(一五六〇)で、国をあげて教育に取り組むように訴えた。

こういったことを背景に、長老派教会の需要を満たすための印刷業者が育った。その下地のうえに、一八世紀スコットランドでの出版業の隆盛がある。当時のエジンバラは大陸やアメリカ植民地に書物、パンフレット、説教書を送り出していて、印刷文化の重要な拠点になっていた。(171)

出版業の隆盛

いくつかの統計から、一八世紀後半のスコットランドで出版文化がさらに栄えたことがわかる。一七六三年のエジンバラには、印刷所が六つあった。それが一七九〇年には一六に増えている。また別の記録では、一七三九年には四つだった印刷所が、一七七九年には二七になったともいう[172]。一七七五年以前にスコットランドにあった書店の数は、おおよそ三〇だったという記録もある[173]。エジンバラの人口は、一七六三年ころが約六万人、一七七九年ころは約八万人だった[174]。一七七五年ころのスコットランドの人口は約一四〇万人だったとみられる[175]。したがって、一八世紀終わりころには、エジンバラでは約三〇〇〇人にひとつの印刷所が、スコットランド全体では約四五〇〇人に一軒の書店があったことになる。もちろん、大きな大学があるエジンバラやグラスゴーでは、人口に対する書店の数はもっと多かっただろう。

当時は書店が印刷・出版・流通・小売りのすべてを担っていたので、これらの数字をいまの何と比較すればわかりやすいのか迷ってしまう。多少無理があるかもしれないが、日本の出版社の数と比べてみよう。『出版年鑑』によると、二〇〇五年時点での日本の出版社数は四二二九社で、そのうち三二八五社が東京にある。これをおなじ年の日本の人口である一億二七〇〇万人と、東京都の人口の一二五〇万人で割り算してみると、それぞれ約三万人に一社、三八〇〇人に一社の割合になる。

数字からみると、当時のスコットランドは二〇〇五年の日本全体よりも、はるかに出版が盛んだったといえそうだ。しかし都市で比較すると、二一世紀初頭の東京は、「北のアテネ」といわれた一八世紀のエジンバラと比肩しうる出版文化をもっていたともいえる。

一八世紀スコットランドの「文化度」をあらわす別の数字もある。一七九五年の約一五〇万人の人口のうち、五〇〇〇の家族、二万人が「文筆」(literature)にかかわる仕事で生計を立てていた。おなじころに教育で生計を立てていたのは、三五〇〇の家族、一万五〇〇〇人だった。[176] ただし、「文筆」がどこまでの範囲の職業をいうのかは、わからない。

ジョンソンは、スコットランドで学芸が薄く広く普及していることを、「彼らの学芸は攻囲された町にあるパンのようなものだ。皆が一かけらずつ手に入れるが、誰一人として満腹にならない」「スコットランドでは……学芸が普及している。その一部が広範にそして稀薄に提供されている。現にそこの商人は彼らの牧師に劣らぬほどの学問を備えている」[177] といった。スコットランドが教養ある国だったことは、何となくわかる。

合邦後のスコットランドでは、文学、哲学、科学についての知的な議論が、日常社会に溶け込んでいた。これは学者だけのことではなく、学生、法律家、聖職者、商人、地主、貴族、さらには女性などにあまねく広がっていた。[178] 高い識字率とそれに支えられて出版業が隆盛したことが、その理由として当然考えられる。こうした民衆レベルにまでおよぶ知識と教養のなかから、スコットランド・ルネッサンスと呼ばれる文化が生まれた。

詩人ラムジー

合邦前後のスコットランドの状況がおおまかにわかったところで、当時の民衆の生活や出版文化を紹介するために、ひとりの男に登場してもらおう。詩人にして貸本屋のアラン・ラムジーという人物である。彼の生涯を追えば、一八世紀前半のエジンバラを生きた文化人の、ひとつの生き様がよくわかる。(179)

ラムジーは、一六八六年十月十五日に生まれた。ただし生年については、八四年か八五年だという説もある。生まれた場所は、エジンバラから南へ七〇キロメートルほど離れた、ラナークシャーのレッドヒルズ(鉛の丘)という村だった。その名のとおり、鉛と金が採れる海抜四五〇メートルほどの高地である(写真4.1)。隣村のワンロックヘッドは、「スコットランドでもっとも高い場所にある村」とも呼ばれている。

レッドヒルズはホープトン伯爵家の領地で、鉱山は一三世紀からあった。そこで採れた金は、スコットランド王ジェームズ四世(一四七三—一五一三、在位一四八八—一五一三)の王冠や、メアリ・スチュアートの指輪に使われたりもした。

一八世紀末に出版された『スコットランド統計報告』をみると、当時のレッドヒルズのことが、つぎのように書かれてある。

レッドヒルズの外見は、筆舌に尽くしがたいほど醜い。岩、背の低いヒース、そして不毛の礫粘土に覆われている。どんな野菜も育たず、完熟しない。そこにある泉の水は、おそらく世界中のどの泉よりもきれいだろう。だが、製錬場の下の水はたいへん危険だ。製錬前の鉛はとても細かく砕かれ、余計なものが洗い流される。それには砒素、硫黄、亜鉛、そして炭素がたくさん含まれていて、洗浄水を汚染する。レッドヒルズでは家禽は長生きできない。餌とともに砒素の粒子が体内に入り、すぐに死んでしまうのだ。馬、牛、犬、猫は鉛中毒になりやすい。猫がこの病気にかかると、家中のすみずみを稲妻のように走り回り、痙攣を起こして死ぬ。犬もまた強い痙攣を起こすが、回復することもある。牛は一瞬のうちに完全に狂いだし、そうなったらすぐに殺さなければならない。幸いなことに、人間はこういった病気にはならない(180)。

これはラムジーが暮らしていた時代から、およそ一〇〇年後のレッドヒルズの様子だ。こんな環境で、ラムジーが子ども時代を過ごしたわけではない。ラムジーが生まれた一七世紀末は、まだ産業革命を迎えておらず、鉛の需要は一八世紀末よりもずっと少なかったろう。蒸気機関もなかったので、採掘の動力は人力で、採れる鉛の量も限られていた。のちにラムジーが書いた作品の世界からは、『スコットランド統計報告』の描写よりも、もっと豊かな自然を想像したくなる。しかし、それは推測の域を出ない。

レッドヒルズの隣にあるワンロックヘッドに、鉛鉱山博物館がある。そこでは、一八世紀の鉛鉱山での労働の過酷さを展示している。女性は山に入ることはなかったが、男ならば子どもでも働いた。男の子は八歳になると鉛の精錬を手伝い、掘り出された鉱石をそりに乗せて鉱山の外へ運び出す仕事をした。そして一〇歳になると徒弟として鉱山に入り、鉛を掘った。

鉱山のなかは真っ暗闇で、ろうそくの灯りを頼りに人力で岩を砕く。縦穴から鉱石を運び上げるのも、すべて人力だった。鉛を含んだ石はずしりと重く、鉱石をいっぱいにつめた木の桶を、屈強の男がウインチを使って地下深くから、ひたすら巻き上げつづけた。

一日の労働は六時間、休みは週に一日だった。鉱山労働者の家では、キッチン、バスルーム、リビング、ベッドルームを兼ねたひとつの部屋に、八人もの家族が寝起きしていることもあった。床には麦藁が敷かれ、部屋の中央の暖炉にはピートの炎があり、それで暖をとり、煮炊きをした。鉛中毒や結核がはやり、鉱山の男の平均寿命は五〇歳なかばだった。

鉱山労働者の賃金は、普通の労働者よりもよかった。ところが、賃金は採った鉛が売れてからでないと支払われなかった。ふつうは、採掘から支払いまで一年かかったので、労働者は鉱山会社の店からツケで買い物をし、賃金をもらったときに支払った。

ラムジーの父の名はジョン（生没年不詳）という。ジョンはホープトン伯爵の土地の管理人で、伯爵の鉛鉱山の監督もしていた。母の名はアリス・ボーワー（?―一七〇一?）といい、鉱山技師の娘だった。祖父はロバート（生没年不詳）といい、ホープトン伯爵の土地管理人でもある法律家の下働きを

写真 4.1　レッドヒルズ近郊
(2003 年著者撮影)

していた。親子二代にわたってホープトン家に仕えた家に、ラムジーは生まれた。

ラムジーにはロバート（生没年不詳）という兄がいた。ジョンは妻とふたりの子どもを残して、二〇代なかばの若さで世を去ってしまう。死因はわからないが、鉱山の過酷な環境が災いしたことは、じゅうぶん想像できる。父が死んだときにラムジーは、生まれたばかりか、あるいはまだ生まれるまえだった。

あとに残されたアリスは、近所に住んでいた小地主のアンドリュー・クライトン（生没年不詳）と再婚し、ふたり目の夫とのあいだに何人かの子どもを産んだ。母が再婚したときにラムジーは、物心がついていない幼子だった。彼は実の父の記憶をもたなかった。

母の再婚のおかげで、幼いラムジーはおそろしい鉱山の仕事から逃れることができた。そのかわりに、継父の羊の面倒をみることになった。これは彼にとっては幸いだった。どこまでもうねうねとした緑の牧草地で羊を眺めながら、ラムジーは豊かな心を育んだ。この少年時代の体験が、のちに彼の代表作『優しい羊飼い』（一七二五）につながる。

ラムジーは、一五歳まで近くの学校に行っていた。レッドヒルズには一七一五年まで学校がなかったので、一二キロメートル離れたクロフォード・ムーアの教区学校に通っていたと思われる。識字教育が盛んな長老派教会の教区学校で、ローマの詩人ホラティウス（前六五―前八）の作品をラテン語で読む素養を、ラムジーは身につけた。

エジンバラへ

一七〇一年ころに母のアリスが亡くなった。〇一年のスコットランドは、六年前にはじまった大飢饉から回復しつつあったとはいえ、小さな子どもが何人もいては、生活は楽ではなかっただろう。継父のアンドリューは、一五歳のラムジーを独立させてエジンバラへ行かせ、自身は〇三年までには再婚したようだ。

ラムジーは、本当は画家になりたかった。文才ばかりでなく、絵にも秀でていたのだ。しかし、ラムジーの才能と志を理解し助ける力は、アンドリューにはなかったようだ。ラムジーは、少年のころの生活を恨むような文章を、どこにも残していない。一五歳で追い出されるように都会へ出たとはいえ、継父を恨んだりはしなかったようだ。

一七〇四年ころにラムジーは、エジンバラのかつら職人ジェローム・ロバートソン（生没年不詳）に弟子入りした。一六九五年に、兄のロバートが一足早くロバートソンの弟子になっていた。エジンバラでの生活の糧を得るために、兄とおなじ親方のもとへ行ったのだろう。とはいえ、弟がエジンバラに来たころには、ロバートはもう親方から独立していたようだ。

一八世紀のヨーロッパではかつらは正装の一部で、ステータス・シンボルだった。そのころの貴族や偉人の肖像画をみれば、たいていかつらをかぶっている。いまでもイギリスの司法関係者は、伝統的なかつらをつけて法廷にあらわれる。

かつら職人の客は、身分の高いお金持ちだった。ラムジーは、かつらをとおして金持ちの知り合いを増やしたことだろう。それを考えれば、田舎から出てきた若者がエジンバラという都会で生きていくのに、かつら職人という仕事は、決して悪い選択ではない。

ラムジーは、ロバートソンのもとでかつら職人になるための七年間の修業を終え、エジンバラ城の南東にあるグラス・マーケットという場所に自分の店を構えた。そして一七一二年十二月十四日に、およそ二六歳で、クリスチャン・ロス（一六八四?―一七四三）と結婚する。クリスチャンは、弁護士の事務員をしていたロバート・ロス（生没年不詳）とエリザベス・アーチバルド（生没年不詳）の長女で、ラムジーよりもふたつほど年上だった。

ふたりは幸せな結婚生活を送り、たくさんの子どもが産まれた。最初の子どもには、父とおなじアランという名をつけた。のちにスコットランド・ルネッサンスの中心人物になる、肖像画家のアラン・ラムジー（一七一三―八四）である（写真4．2）。

ラムジーのほかの子どもは、どうだったのだろうか。クリスティ、スザンナ、ニール、ロバート、アグネスという子どもがいたが、みな夭逝してしまった。ほかにも、ジャネット、アン、キャサリンの三人の娘がラムジーの店にいたという説もあり、何人の子どもがいたのかは、正確にはわからない。

結婚する七ヶ月前の一七一二年五月十二日に、ラムジーは仲間とともにジャコバイトの文芸グループを作った。そのグループは「イージー・クラブ」と名づけられ、ジャコバイトが反乱を起こした一七一五年まで活動した。

「イージー・クラブ」は、ジャコバイトのなかでも上品好みの集まりだった。クラブではメンバーが詩を詠み、お互いに作品を批評しあいながら会話術を磨き、そのころロンドンで出ていた日刊批評紙「スペクテイター」を読んだ。

ラムジーはスコットランド王制主義者でもなければ、反イングランドでもなかった。ただ、スコットランドが置かれた状態に不満をもっていた。彼は政治的というよりも感情的なジャコバイトだ。だから、一七一五年の反乱には加わらなかった。

写真 4.2　アラン・ラムジー（息子・画家）
（出典：Smart 1992a）

クラブのメンバーは、みな自分のペンネームをもった。ラムジーはアイザック・ビカースタフを名乗り、一七一三年の終わりにはガウィン・ダグラスをペンネームにした。どちらの名前にも、スコットランドとイングランドの両方の響きがある。スコットランド文芸を復興し、イングランド文化と融合させた新しい文芸を目指していたことが、ペンネームからうかがえる。

「イージー・クラブ」で鍛えられて、ラムジーは詩の才能を開花させた。スコットランド語と英語の両方を使いこなす詩人だと、評判になった。実際、彼の作品のほとんどは古典的な韻文の形式を備えながらも、風刺とユーモアにあふれている。本職のかつら屋は、独立してから数年でやめてしまった。そして一七一六年ころに、ハイ・ストリートにあったマーキュリー像前に引っ越し、本の販売をはじめたようだ（写真4．3）。

ラムジーの最初の詩集は、一七二一年に出版された。序文は、「最高に美しいスコットランド女性へ」[181]という、きざったらしいことばではじまる。

この詩集は、予約者から資金を事前に集めて出版された。当時の出版では、ふつうに行われていたやり方だ。予約者の名前は、謝辞のなかに列記されるのが慣例で、自分の名前が本に印刷されることを期待して、友人たちが資金を出した。新聞を使って予約者を集めることもあった。[182]

ラムジーは、詩人として活躍しただけでなく、スコットランドの古い詩や散文、民謡を集め、編集して本にしたことでも知られている。国文学者や民俗学者のような仕事もしていたのだ。一七二四―三七年にかけて出版した『茶の間の愛唱詩集』が、その種の仕事のさきがけだった。ただし、彼は学問的な厳密さにはこだわりがなかったようで、集めた作品を新古典調の英語に直すなど、自分なりにいじって出版している。

一七二四年には、『常緑樹』という詩集を出版した。それは、古い写本に記録されていた、中世後期のスコットランドの詩を集めたものだった。ラムジーは元の写本のことばのスペルや語順、詩の形式すらも変え、パッセージを完全に書き換えもした。読者に受け入れてもらえるように編集したのだろうが、それが後世の研究者には「改ざん」とも受け取られている。

また、『スコットランドのことわざ集』（一七三七）では、古いスコットランド民謡、詩、そして金言を集めた。ラムジーのことわざ集は、スコットランド文化の発掘と保存の意味で重要な仕事だった。いまでも、スコットランドのことわざ集に、ラムジーが集めたものとおなじものがみられる。

ラムジーが古いスコットランド文芸を発掘したのには、もちろん時代的な背景がある。合邦からはすでに二〇年近くが過ぎていた。しかし、イングランドとの経済的な格差は一向に埋まらない。有力な貴族はロンドンを目指した。ロンドンからは情報や文化が流れ込み、スコットランドのイングランド化が進んでいた。

このままでは、愛するスコットランドの文化がイングランドに呑み込まれてしまう——そんな危機感から、ラムジーはスコットランド文芸の発掘・保存に取り組んだのだろう。そういう活

写真 4.3　ラムジーの最初の書店
（出典：Charlmers and Woodhouselee 1851, vol. 3）

動が、スコットランド文化の復興運動に乗っかり、あるいはそれを形作りながら、民衆に受け入れられた。

『優しい羊飼い』

ラムジーの代表作は、スコットランドの田舎を舞台にしたコメディ『優しい羊飼い』（一七二五）である（写真4・4）。一七二九年にラムジーは、それをオペラに改作する。その前年にジョン・ゲイ（一六八五―一七三二）の『乞食のオペラ』が、ロンドンで大当たりしたのに影響されたらしい。『優しい羊飼い』は、一八―一九世紀にかけて、エジンバラ、ロンドン、バース、ニューヨークなどでたびたび上演された。スコットランドで最大の文化芸術祭である夏のエジンバラ・フェスティバルでも、一九八六年と二〇〇一年に演目に入った。『優しい羊飼い』は、スコットランドの伝統的な戯曲としての地位を固めている。それはどんな話かというと――。

王政復古の時代（一六六〇―八五年ころ）、優しい羊飼いのパティは、近所の羊飼いの娘で幼なじみペギーと愛し合っていた。パティの親友でやはり羊飼いのロジャーは、可愛くて利口なジェニーに恋をしていたけれど、ジェニーのほうはボルディという別の男に惹かれていて、ロジャーを冷たくあしらった。パティとペギーは、ロジャーとジェニーの仲をなんとか取りもとうと、ふたりにいろいろと助言をしていた。

ジェニーが想いを寄せるボルディにはネプスという婚約者がいたのだが、ペギーのことも憎からず思っていて、彼女の愛情を得るためにモーゼという女性に助けを求めた。ボルディは、モーゼのことを魔女だと固く信じていたのだ。ペギーが自分を好きになり、ペギーの恋人で羊飼いのパティが、自分の婚約者のネプスを好きになる魔法をかけるよう、モーゼに頼んだ。ところがモーゼは、自分は魔女などではなく、魔法のように思える力は教養がもたらすものなのだと、ボルディをたしなめた。

そうしたところに、領主のワージー卿が戻ってきて、自分がパティの本当の父親だと名乗り出た。ワージー卿は、クロムウェル専制時代に国を逃れ、息子のパティを羊飼いに託したのだった。パティは実の父親との再会を喜んだが、身分違いのペギーとの恋を父に咎《とが》められ、悩んだ。

ジェニーはロジャーの一途な思いを受け入れた一方で、ネプスとペギーに二股をかけようとしたボルディは幽霊に苦しめられた。そして、幽霊をみるのは魔女モーゼの仕業に違いないと、ワージー卿に訴えた。その様子をみたワージー卿は、迷信に惑わされない教育の大切さを痛感するのだった。

ボルディは結局、婚約者のネプスと仲直りした。そして、ペギーも実はワージー卿の妹の娘で、パティとおなじように幼いころに羊飼いに預けられていたことがわかり、ペギーとパティは身分差のない、いとこ同士としてめでたく結ばれた。

スコットランドの田舎を舞台にしたラブ・コメディだ。英語とスコットランド語が混ざっていて、スコットランド民謡の替え歌が随所に入っているという。

『優しい羊飼い』には、ラムジーのレッドヒルズでの原体験がいかされている。パティは、羊飼いだった自分をモデルにしたのだろう。実の父親と早くに死に別れ、母の再婚相手の羊を追いながら、子どもだったラムジーは、空想の翼をとめどもなく広げていた。ペギーのモデルになった女性も実際にいたのだろう――もし、ぼくの本当のお父さんが領主のホープトン伯爵だったら、あの娘とぼくは結ばれるのだろうかと。

ラムジーは、『優しい羊飼い』で何をいいたかったのだろうか。物語には魔女などの古い迷信が描かれている。当時、魔女法はまだ廃止されておらず、民衆にとって魔女はリアリティのある存在だった。ちなみに、イングランドでは一七二七年まで魔女の死刑があった。ボルディという登場人物は、迷信を信じる民衆を象徴している。ボルディは自分の想いを遂げるために魔法に頼り、幽霊に苦しめられる。物語では、迷信に惑わされない教養の大切さが説かれている。中世的な非合理を打ち負かして、新しい時代を作るのは教養の力だと、ラムジーは『優しい羊飼い』でいいたかったのだ。その信念が、彼を貸本業へと駆り立てていった。

『優しい羊飼い』は、スコットランドの牧歌的コメディの代表作だと評価された。スコットランド人のボズウェルは、『優しい羊飼い』をとても気に入っていた。『サミュエル・ジョンソン伝』の

写真 4.4 『優しい羊飼い』の挿絵
（出典：Charlmers and Woodhouselee 1851, vol. 2）

一七七三年のところに、こんな記述がある。

私はアラン・ラムジーがスコットランドの方言で書いた「優しい羊飼い」が美しい田園的な心象や正しく楽しい情感に溢れているばかりでなく、その正確な風俗描写の点でもこれまでに書かれた最善の牧羊詩だと力説して、ジョンソン博士にその正しい鑑賞法を教えようとした。「いや、君、（と彼は言った）僕は学ぼうと思わない。僕がそれを知らないことで君の優越を保持しておきたまえ。」(183)

スコットランドの文芸をやや見下したような、ジョンソンの反応が面白い。イングランド人のラムジー評は、こんなものだったのかもしれない。

ラムジーの貸本業

『優しい羊飼い』の初版を出した一七二五年ころに、ラムジーはエジンバラ市内のラッケンブースへ引っ越し、貸本屋をはじめた。ラムジーが開いたその店が、イギリスで最初の貸本屋だといわれている(184)。

貸本屋では本の販売もしていた。売り物の本を、会費を払った会員に一—二週間貸していたという説と、書店と貸本屋は別だったという説がある。どちらが本当かは、よくわからない。

ラムジーの貸本屋はとても繁盛した。店はエジンバラの人気スポットになり、若者の待ち合わせ場所にもなった。若者ばかりではなく、街の文士たちや旅行者もラムジーの店に集った。

残念なことに、ラッケンブースは一八一七年の再開発で取り壊されてしまったので、ラムジーの店の雰囲気を知ることはできない。二〇二四年時点では、そのあたりに「ラッケンブース」という名のレストランがあって、わずかに歴史の名残を感じることができる。

大衆は、ラムジーの店を圧倒的に支持した。ところが、権力の側はラムジーの商売に眉をひそめた。わいせつな本を貸していると、教会や保守的な当局が非難したのだ。

一七二八年当時のラムジーの貸本屋の様子が、一九世紀なかばの文献に出ている。

写真 4.5　ラッケンブースのラムジー貸本屋
（出典：Charlmers and Woodhouselee 1851, vol. 2）

> ……下劣で不敬でわいせつな、あらゆる本や戯曲が、アラン・ラムジーによってロンドンから持ち込まれ、若者や召使いの女性たち、そして紳士たちに安い値段で貸し出され、悪徳とわいせつがおそろしい勢いで広がっている。ラムジーの店には帳簿があり、戯曲や本を一晩二ペンスかそこらで借りた全員の名前を書いた記録がある。すべての種類の悪徳がおそろしい勢いで若者に広められている。……そして彼の本を検査するために、［当局は］何人かの取締官を送り込んだ。ところが、彼は一時間前にそれを察知して、最悪の本のほとんどを隠したので、何事も起こらなかった。下劣でわいせつな本は、ロンドンで印刷されるやいなやエジンバラに広がり、伝えられている。[185]

ラムジーは、ロンドンで出版されたばかりの悪徳の本を、誰よりも早くエジンバラに持ち込み、とても安い値段で若者に貸していた。ラムジーの店には不敬で享楽的な本が山ほどあったので、道徳心のあるひとびとが、店を取り締まろうとしたようだ。それもそのはず、なんとラムジーの店は、スコットランド長老派教会の中心地のセント・ジャイルズ大聖堂の正面入口に向かって、すぐ右隣にあったのだ（写真4・5）。わざわざそんな場所に店を構えたことは、教会道徳への挑戦だったとみるべきだろう。

告発を受けて、何人かが貸本屋に踏み込んだ。ラムジーはその動きを事前に察知して、踏み込まれる前に「危ない」本を隠した。やってきたひとたちは、神学や哲学の本だけが整然と書棚に並んでいるのをみて、すごすごと引き揚げるしかなかったろう。もっとも、こんな捕物劇があった証拠はないという学者もいる。[186]だが、ラムジーの活動を総合的にみれば、このような事実があったとしても不思議はない。

その当時の悪徳とは、規律と貞節を重んじる教会の道徳に反することである。ラムジーは、いわばゲリラ的な戦法でそれと闘った。彼のしたことは、当時の良識あるひとびとにとって悪徳であったことは、まちがいない。しかしその悪徳が、あたらしい価値観をみつけようとする若者を育て、彼らのなかからスコットランド・ルネッサンスが起こったこともまた、まちがいない。

貸本屋という商売がエジンバラで成り立ったのは、民衆の識字率が高かったからだ。長老派教会が進めた初等教育が、スコットランドの識字率を押し上げたことを考えると、教会が作り上げた文化力のうえにラムジーは乗っかり、そこから教会の価値観を転換しようとしたとみることができる。

アイルランド生まれの作家リチャード・シェリダン（一七五一―一八一六）は、『ザ・ライバルス』

（一七七五）という戯曲のなかで、「町の貸本屋は悪徳な知の常緑樹だ」[187]というセリフを書いた。ラムジーから五〇年ほどのちのロンドンでのことではあるが、一八世紀の貸本屋観があらわれていて面白い。「悪徳な知」とは、キリスト教の価値観からみた「悪」のことだ。ラムジーが育てた樹は、決して枯れることのない緑の枝をエジンバラの中心に伸ばし、その木陰には新しい文明を担う若者が集まった。

ラムジーがやっていた貸本屋という商売について、ここでもう少し詳しくみておこう。一八五〇年

写真 4.6　18 世紀ロンドンの貸本屋（ストランドのライト貸本店の蔵書票、ボードリアン図書館所蔵、PD）

に「公共図書館法」ができて公共図書館に駆逐されるまで、さまざまな貸本業がイギリスにはあった（写真4．6）。目的が営利か非営利か、運営主体が個人か地域コミュニティーか、会員制か広く開放されていたか、形態はさまざまだったが、民衆のリテラシーの向上と文化の振興に、貸本屋が大きな役割をはたした点ではおなじだった。

一七八〇年代にロンドンを訪れたドイツ人のカール・モリッツ（生没年不詳）は、『一七八二年イングランドの歩き旅』（一七九五）という本のなかで、宿の女将で仕立屋の未亡人が貸本を利用して文学に親しんでいることを、「彼女はミルトンを読んでいる……下層の市民が自分たちの国の作家を知っている」[188]と驚きをもって書いている。貸本が庶民のリテラシーを向上させていたことがうかがえる一節だ。

貸本屋の利用者は、民衆だけではなかった。歴史学者のデヴェンドラ・ヴァルマ（一九二三―九四）によると、スコットランドの国民的な作家のウォルター・スコット（一七七一―一八三二）や詩人のロバート・バーンズのほかにも、つぎのようなロマン派がらみの文芸人たちも、貸本を利用したという。[189]

ウィリアム・シェンストーン（一七一四―六三）

ウィリアム・クーパー（一七三一―一八〇〇）

トーマス・チャタートン（一七五二―七〇）

ファニー・バーニー（一七五二―一八四〇）

ウィリアム・ワーズワース（一七七〇―一八五〇）

テイラー・コールリッジ（一七七二―一八三四）
ジェーン・オースチン（一七七五―一八一七）
ヘンリー・クラブ・ロビンソン（一七七五―一八六七）
レイ・ハント（一七八四―一八五九）
ジョン・キーツ（一七九五―一八二一）

百科事典の元祖ともいえる、チェンバースの『サイクロペディア』によると、大衆小説の七五パーセントは貸本屋が買っている。(190) 民衆や文芸人だけでなく、書店や作家たちにとっても、貸本屋はありがたい存在だった。

では、一八世紀のイギリスに、貸本屋はいったい何軒あったのだろうか？　近代イギリスの貸本をたんねんに研究したポール・コーフマンは、一七〇〇年のロンドンにはすでに少なくとも六軒の貸本屋があった証拠があるといい、イギリスの貸本屋の嚆矢はラムジーだという俗説を一蹴した。(191)

ヒルダ・ハムリンがまとめたところによると、ロンドンには一七四〇年から五〇年にかけて、少なくとも九軒の貸本屋があった。それが七〇年から八〇年のあいだには一九軒になり、つぎの一〇年間には二六軒になった。その一方で、一八〇〇年時点のイギリス全土には、一〇〇〇軒以上の貸本屋があったという数字もある。(192) 一八〇三年の本には、「いまや国中の知的な村には、どこでも貸本屋がある」(193) とある。貸本屋が一八世紀のイギリス文学を支えていた構図がみえる。(194)

ラムジーの故郷レッドヒルズにも、「イギリス最古の有料会員制図書館」の看板を掲げる「レッドヒルズ図書館」が、博物館としていまでも残っている。創立は一七四一年とされ、「アラン・ラムジー図書館」とも呼ばれている。

一八世紀末の『スコットランド統計報告』にも、この図書館のことが書かれてある。

レッドヒルズの図書館にはくだらない本もあるが、乱読者が選ぶと思われる貴重な本もたくさんある。わたしの知る限り、彼らはたいへん知識があり、それゆえもっとも理性のある庶民である。(195)

わたしはこの図書館を訪ねたことがある。建物は一八世紀のものではないようだったが、蔵書はたいへん興味深かった。神学や哲学の、物理的にも内容的にも重そうな本ばかりが、ぎっしり並んでいたのだ。

レッドヒルズは鉱山労働者の村だったはずだ。こういっては失礼かもしれないが、つらい労働から家に戻った鉱山夫が、うす暗い家のなかで神学の本に読みふける姿が、わたしにはどうしても想像できなかった。「鉱山労働者がこんな難しい本を読んでいたのか?」と図書館員に質問してみたら、そうだという答えが返ってきた。

書棚に品格を出すために、あるいは教会や当局向けに真面目な本も並べてあったのが真相だろうと、

写真 4.7　レッドヒルズ図書館（2003 年著者撮影）

わたしは思う。ラムジーの貸本屋でも、取り締まりが入ったときに俗悪な本を隠して真面目な本だけ並べたという話もある。神学や哲学の本を庶民が読むこともあったとしても、それが貸本屋の「主力商品」ではなかったろう。

ところでラムジーの貸本屋には、本当のところどんな本が置かれていたのだろうか。ラムジーの店を引き継いだジェームズ・シバルド（一七四七―一八〇三）の貸本屋の蔵書構成が、コーフマンの研究によってわかっている。それによると、一七八〇年以前の出版物はこんな具合だ。(196)

分類　タイトル数
歴史・地理・旅行・生活・裁判・貴族にかんする本など　八三二

芸術・科学・自然史・哲学・形而上学・貿易・農業など　五四四
解剖学・物理学・外科学・産科学・薬物学　三二六
神学・教会史　三四六
詩・戯曲・エッセイ・手紙・娯楽・批評など　八二九
小説・ロマンス　八八八

厳密な線引きは難しいのだが、前の四種類を堅い本、後の二種類を一般向けの本だとすると、その比はおよそ一対〇・八四になる。一八世紀前半には小説というジャンルはまだなかったので、ラムジーの時代には一般向けの本の割合は、この数字よりももっと低かったろう。

一八世紀後半のイギリスの貸本屋カタログのうち、残っているものを調べた研究によると、蔵書に占める小説の割合はおよそ一〇―一五パーセントだそうだ(197)。一方で、ロンドンにあったハミルトン貸本屋の一七九一年の蔵書構成を調べた報告によると、全体で一五〇〇タイトルのうち小説が一〇五〇を占めている(198)。

しかし、大事なのは蔵書構成ではなく、実際にひとびとがどの本を借りて読んでいたかだ。読書の実体は、本の貸出記録を綿密に調べるとわかる。総じていえば、貸本屋の主力は一般向けの小説だったようだが、スコットランドに限れば、そうともいえないという研究もある。

エジンバラから北西へ六〇キロメートルほどのところにある田舎町イナーペフレイに、一六八〇年に設立された、「スコットランドで最初の公共貸出図書館」が残っている。そこに残っている一七四七―一八〇〇年のあいだの一四八三件の記録を調べたコーフマンによると、貸し出された本の種類はつぎの三七〇タイトルだったらしい。[199]

宗教　一七一
歴史・法律・政治　八五
一般向け読み物　三七
農業　一八
旅行　一一
数学・科学　八
その他　四〇

もっともよく貸し出された本とその回数はこうだ。

ロバートソン『チャールズ五世の歴史』　四六
クラーク『説教集』　三七
チロットソン『説教集』　三四

シャーロック『説教集』 三〇
ブフォン『自然史』 二七
『マンスリー・レビュー』 二六
モシェイム『教会の歴史』 二六
アバーネセイ『講話集（説教集）』 二四
『世界史』 二三
アターブリー『説教集』 二〇
ロック『著作集』 二〇

これらの本を借りたひとびとの職業がまた、さまざまだ――床屋、書店主、軍司令官、桶屋、染色屋、染色屋の徒弟、仲買人、農民、麻職人、庭師、手袋職人、石工、商人、製粉業者、牧師、石切工、校長、召使、靴職人、学生（人文学、神学、哲学）、鍛冶屋、医師、医師の徒弟、仕立て職人、時計職人、織工、大工[200]――多くはいわゆる「庶民」たちである。

また、エジンバラから東へ三〇キロメートルにあるハディントンの図書館には、一七三二―九六年のあいだの二八三七件の貸出記録がある。それによると、『世界史』、ローリン『古代史』、ヘンリー・フィールディング（一七〇七―五四）『作品集』、カレンダー『冒険物語集』、サリー『想い出』、ローリン『ローマ史』、ウィリアム・ロバートソン（一七二一―九三）『チャールズ五世の歴史』などがよく貸

し出されたそうだ。(201)

どちらの報告もたいへん綿密なものなのだが、対象期間の長さに比べて記録の数が少ないのが気になる。単純に割り算すると、イナーペフレイでは年平均で二七冊、ハディントンでも四三冊しか貸し出されていないことになる。

記録がこれしか残っていないのか、あるいは記録の一部を調べただけなのかは定かでない。これがスコットランドの地方庶民の、平均的な読書傾向をあらわしているといってしまうのは、やや危険だろう。だが、こんな難しい本を民衆が読んでいたことは、認めるべきだろう。

写真 4.8　アラン・ラムジー（父・詩人）
（出典：Smart 1992a）

貸本屋という職業の、文化的な意義がよくわかったところで、ラムジーの生涯の話に戻ろう。ラムジーは、一七三〇年ころまでには詩集の出版を止めてしまったようだ。三〇年以後に作られた未刊の詩がたくさん残っている。(202) おそらく納得のいく詩が、もう書けなくなっていたのだろう。詩の出版のかわりに、さまざまな芸術に活躍の場を広げていった。

ラムジーは、スコットランドの美術教育にも足跡を遺している。絵の才能があり画家になりたかったのに、その夢を実現できなかったことを、彼は悔やんでいた。はたせなかった夢を次の世代に託すべく、美術学校の設立に参加した。

アカデミー・オブ・セント・ルークは、エジンバラで最初の美術学校で、一七二九年十月二十九日にできた。絵画、彫刻、建築を教える学校で、ラムジーも一六歳の長男をそこに入れた——というよりも、画家へのみはてぬ夢を息子に託して、学校を作ることに協力したというのが、本当のところかもしれない。そこが美術学校として機能していたのは、一七三三年ころまでのごく短いあいだだった。それでも、ラムジーが息子を教育するのには、じゅうぶんな期間だった。

息子の画家ラムジーが父を描いたドローイングがある（写真4．8）。セント・ルークができた一七二九年の作で、画家ラムジーの現存する作品のなかでは、もっとも古い部類になる。遠くをみつめるぎょろりとした視線の表現に、のちに肖像画家として一世を風靡するひとの才覚が感じられる。

ラムジーは「悪徳な知」の常緑樹の枝を芝居にも伸ばした。エジンバラのハイストリートの脇にある、カルバーズ小路に劇場を作ったのだ（写真4．9）。そこは、一六八八年の名誉革命のころには、ジャコバイトの隠れ家だった場所でもある。

一七三六年十一月八日に、劇場のこけら落とし公演があった。演目は、フィールディング作のコメディ「仮面をはがれた処女」などだった。刺激的なタイトルだが、内容はそうでもない。商売で大儲けをしたある男が、家から財産が減ることをおそれて、娘を親戚にあたる三人の独身男のところへ出した。薬剤師、舞踏家、詩人の三人は、自分の天職のすばらしさをいい争ってばかりで、けっきょく娘は下男と結婚してしまうという話だ。

「仮面をはがれた処女」の版元は、ロンドンの書店主ジョン・クラーク（生没年不詳）だった。ラムジーがこの本をクラークから買ったのが、一七三二年七月のことだった。あとから考えれば、

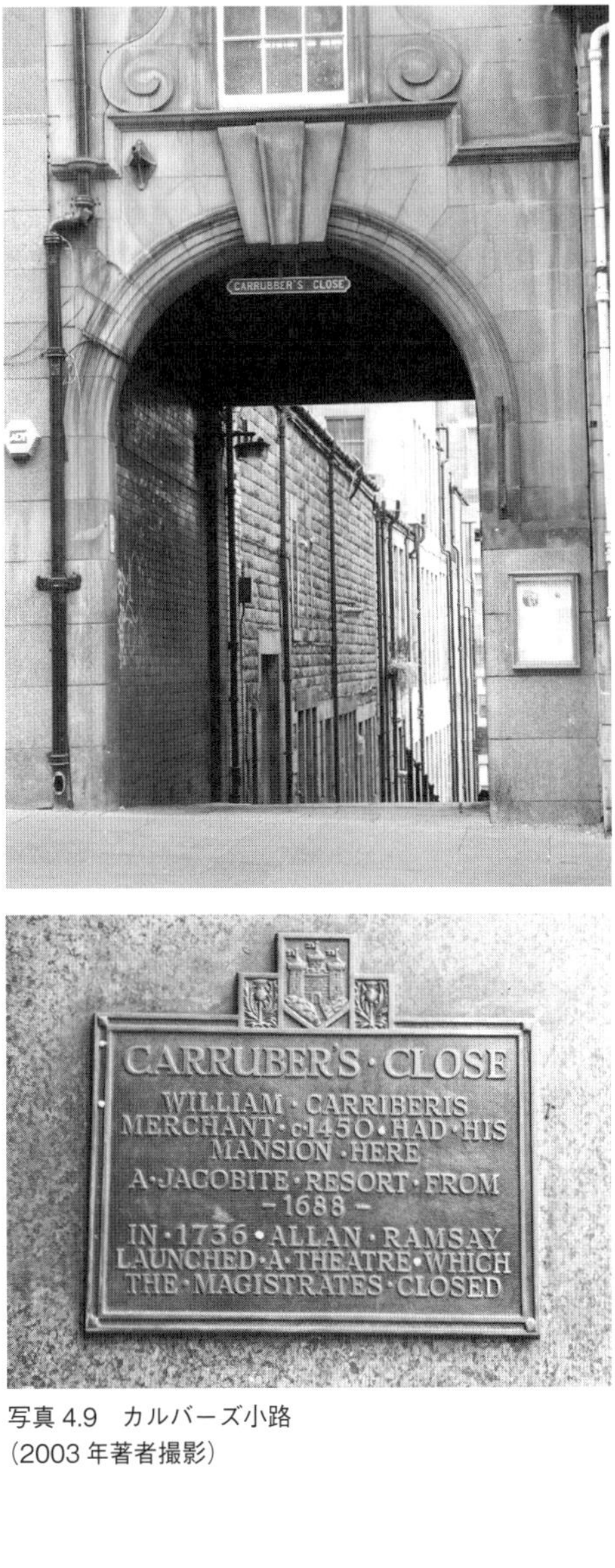

写真 4.9　カルバーズ小路
（2003 年著者撮影）

劇場の開設は、こけら落としの四年前から布石が打たれていたことになる。ラムジーの芝居熱は、にわか事ではなかったのかもしれない。

ラムジーは劇場の年間チケットを売って、資金を集めた。そのとき、劇場がどのような運命をたどるか、ラムジーは知る由もなかった。エジンバラの若者たちは、新しい文化を求め、劇場を支持した。ところが長老派教会は、これに黙っていなかった――ラムジーの劇場は若者の魂を堕落させると、攻撃したのだ。

運の悪いことに、翌一七三七年六月二十四日に「ライセンシング法」が施行された。これは、地方の芝居小屋が反体制の拠点になることを防止するための法律で、営利のための芝居興行はロンドンの外ではできなくなってしまった。ラムジーはこの法律を知って驚き、ロンドンの友人に手紙を送り、法律のコピーの送付と抜け道の助言を求めた。手紙のなかで、「わたしが経営する劇場に所属する役者たちに対する法律には憤慨している。彼らを乞食にしてしまうには忍びない。去年、彼らのために立派な新しい家を用意したばかりなのに」[203]と、ラムジーは嘆いている。

さすがのラムジーも、貸本屋のときのように当局を出し抜くことは、このときばかりはできなかった。芝居ができなくなったラムジーは、音楽会やダンスの興業で窮状をしのいだ。長老派教会は、「ライセンシング法」を理由にラムジーへの非難をつづけ、ついに劇場は閉鎖に追い込まれてしまった。こけら落としから三年後のことだった。

蔵書のゆくえ

一七三八年にラムジーは、五年前から手に入れてあったエジンバラ城の北側の、眺めのよい高台に家を建てた（写真4．10）。ナポリをイメージしてデザインされた八角形の家で、その形から「がちょうパイ」と呼ばれ、親しまれている。「がちょうパイ」はクリスマス料理の一種で、それを焼く平鍋に形が似ていることから、そう呼ばれるようになった(204)。そこには二〇世紀のはじめに、知識人の住宅や社会学の「実験工房」などが作られ、一八世紀の知的な雰囲気を復興しようとしたことがある(205)。いまその場所は、「ラムジー・ガーデン」という高級住宅地になっていて、ラムジーの旧邸が残っている（写真4．11）。

写真 4.10　エジンバラ城近くのラムジー邸（出典：Charlmers and Woodhouselee 1851, vol. 1）

劇場を閉じた翌年の一七四〇年にラムジーは引退し、「がちょうパイ」の家で最期の一七年ほどを過ごした。ローマを逃れて田舎で静かに暮らした、ローマ帝政期の詩人ホラティウスをまねたともいわれる。友人との会話、読書、庭の手入れなどをし、ときおり友人に手紙や詩を書き、静かな余生を送った。妻のクリスチャンは、一七四三年三月二十八日に六〇歳で亡くなった。ラムジーはそれから一五年生き、晩年は壊血病に悩まされながら、五八年一月七日にこの世を去った。

ラムジーが亡くなったときに友人は、こんな哀歌を捧げた——

楽しげに歌う声の甘さは
天使の調べかな
彼の信条は厳しき哲学より優れ
学派の誤謬と衒学《げんがく》を逃れ
彼の歌をさまたげる厳しき道徳はなし
すべては生来の無垢のままに
彼の正しき教えを喜ぶとき
幸いなる満足への道は近い(206)

ラムジーは中背の健康な男で、陽気な善人だった。イマジネーションに富み、万人に公平で、短気や不安とは無縁だったが、がらがら声が悩みだった。イングランドとの合邦のなかで失われかけていたスコットランド語の詩や民謡、ことわざを集めて出版した。ラムジーの集めたテクストは正確では

写真 4.11　ラムジー・ガーデン
(2003 年著者撮影)

なかったが、後世のおなじような事業の先駆けになった。

また、教会勢力の抵抗にあいながらも、ロンドンから先進の文化を移入し、エジンバラの若者に伝えた。書店と貸本屋、劇場を営む、いわば文化プロデューサーとして活躍し、一八世紀スコットランド啓蒙主義の地ならしをした。ラムジーの事業は悪徳とされたけれども、因習から脱して新しい文明を導くためには必要な悪だったのかもしれない。

ラムジーの貸本屋は、その後どうなったのだろうか？　店と蔵書のゆくえはそれぞれ異なるという説がある。[207]ただ、これも文献によって記述が微妙に違う。「ライブラリー」の語が貸本屋を指すのか、それとも蔵書を意味していると読むのかによって、解釈が異なってくる。いろんな文献をくらべて、だいたいこうだったのではないかというストーリーを組み立ててみることにする。

店はラムジーの死後に、ジェームズ・メスワン（生没年不詳）という人物が継ぎ、メスワンから大書店主のアレクサンダー・キンケイに譲られた。[208]ドナルドソンと提携し、ミラーと仲間になったり闘ったりの複雑な関係をもった、あのキンケイである。貸本屋は、さらにウィリアム・クリーチ（一七四五―一八一五）の手にわたった。[209]クリーチはミラー書店の後継者のキャデルや、ミラーの盟友ストラーンと提携関係にあり、またスコットランドを代表する詩人ロバート・バーンズの『詩集』（一七八七）のエジンバラ版初版の出版社にもなる。

蔵書のほうは、一七五七年にジョン・イヤー（生没年不詳）という人物が買い取った。イヤーは、一七四二年から五八年までエジンバラのパーラメント小路で書店を営んでいた男だ。イヤーの死後、未亡人のマーガレットが一七八〇年まで貸本屋を経営し、そしてシバルドが彼女から店を買い取った。(210)シバルドの貸本屋は、イギリス文学史の事件の舞台になる。ロマン主義文学を支えたふたりの人物、ロバート・バーンズと若き日のウォルター・スコットが、一七八六年にそこで出会うのだ。

ジョン・ロックハート（一七九四―一八五四）の『ウォルター・スコット伝』（一八三七―三八）によると、スコットはシバルドの貸本屋の得意客だった。書架を自由に探し回る特権をもらい、そこでフランスとイタリアの古典に触れたと、スコットは回想している。バーンズやスコットが読んだ本のなかには、ラムジーの旧蔵書がかなりあったことだろう。

古い歌やロマンス物語のコレクションを、たまたま私が見つけたり、パーラメント・スクエアで店開きをしていたジェイムズ・シバルド氏の移動図書館のほこりだらけの書棚から探しだすと、どんなものでも、私は虎のように飛びついた。野人風のところはあったが、シバルド氏自身なかなか趣味も良く、判断力も確かで、音楽と詩の素養があったため、当時の顧客の間では殆ど需要がなかったフランス語やイタリア語の本を、自由に調べられるという特権を持てるほかに、私は彼の店で、有名な文学者の姿を遠くから垣間見ることもできた。ここで私は『ヴァイモンダ』の著者、アンドルー・マクドナルドに会ったし、スコットランドの誇り、ロバート・バーンズを遠くから見たのもここだった。（佐藤猛郎ほか訳、以後も同様）(211)

シバルドは一八〇三年に亡くなり、それからしばらくしてアレクサンダー・マッケイ（生没年不詳）という人物が蔵書を買い取った。[212] マッケイの貸本には、ラムジーの店「エジンバラ貸本屋」の蔵書票が使われていたことが記録に残っている。[213] 蔵書は一八三二年に競売にかけられた。その大部分は、ウィリアム・ウィルソン（生没年不詳）に買い取られた。彼は一八五一年まで書店を経営していたようだ。[214] 蔵書がそれからどうなったかは、ようとして知れない。

ラムジーに対する評価は、時代とともにゆれ動いてきた。「俗悪」のレッテルをはられていたせいで、一七八〇年代なかばまでのラムジー評は、さんたんたるものだった。一方で、バーンズやスコットはラムジーを尊敬し、彼から大きな影響を受けた。

バーンズやスコットが成功したおかげで、ラムジーはスコットランド文芸の先駆者として、一九世紀をとおして讃えられつづけた。一九世紀末からはラムジーに対する評価はいったん下がったが、一九六〇年代ころからスコットランド啓蒙主義の研究が盛んになるにつれ、評価はまた高まっている。評価は時代とともに変わっても、ラムジーがロマン主義文学に影響を与えた事実は変わらない。『ウォルター・スコット伝』によると、ラムジーの詩集に影響されたことを、スコットはこのように回想している。

私は冬の退屈しのぎに、窓辺の椅子に置いてある二、三冊の本を開いてみた。立志物語とラムゼイの『茶の間の愛唱詩集』が私のお気に入りだった……やさしくて愛情深く、私がいつも大好きだった叔母、ミス・ジャネット・スコットが大変辛抱強くこれらの作品を私に読んで聞かせてくれたおかげで、私は長い一節を暗唱できるまでになった。(215)

写真 4.12　エジンバラ中心部の公園にある詩人・貸本屋ラムジー像（2003 年著者撮影）

一八世紀前半に活躍したラムジーは、合邦後の混乱のなかスコットランド文化を再興しつつ、ロンドンの最先端の文化を少しずつ呼び入れたひとだった。しかし、一八世紀後半になると、時代の要請は大きく変わる。スコットランド・ルネッサンスの勃興と交通網の発達を背景に、ロンドンに挑戦しながらその文化を素早く、積極的に移入することが求められるようになった。ラムジー亡きあとに、その役割を担ったのがドナルドソンだった。

第5章　現代への遺産

画家ラムジーのネットワーク

エジンバラ城が立つ高台のすぐ下の、ごつごつとした岩肌に「がちょうパイ」の家が建っている。詩人・貸本屋ラムジーが晩年を過ごした邸宅である。「ドナルドソン対ベケット裁判」のころには、主は長男で画家のアラン・ラムジーにかわっていた(216)。

画家ラムジーのふたり目の妻は、マンスフィールド卿のいとこだった。良家の女性をめとったことで、画家ラムジーは上流階級とのいっそうのつながりができたことだろう。肖像画家として成功していたこともあり、ロンドンに拠点を置きつつ、ときおりエジンバラに滞在する生活を送っていた。

ロンドンとエジンバラのふたつのラムジー邸は、どちらも名士たちの社交場だった。『サミュエル・ジョンソン伝』によると、ジョンソンとボズウェルも、一七七八—七九年のあいだに二回、画家ラムジー邸で昼食を共にしたとある。

一七七八年四月二十九日のラムジー邸での昼食会には、スコットランド人の歴史家のウィリアム・

ロバートソンが同席した。彼は自著の『スコットランド史：メアリ女王からジェームズ六世まで』（一七五九）について、ラムジーやジョンソン、ボズウェルを相手にこんな発言をしている。

僕は自分の『スコットランド史』を最初安い値段で書店主たちに売って彼らに儲けの機会を与えてやったが、僕はキャデルからその結果彼自身とミラーは合わせて六千ポンドの利益を得たと教えられた。僕は後にはこれよりも多くの額を自分の著述から受取った。それ故に文士は最初自分の本を書店主の言いなりの値で売って、自分が実力ある作家であるか否かを、つまり版権料の点では同じことに帰着するが、大衆の間で読まれる作家であるか否かを実証する機会を与える方がよいと思われる。(217)

無名のあいだは書店のいいなりになるのも仕方がない、本が売れるようになって実力を認めてもらってから取り返せばいい――ロバートソンはこういっている。著述で身を立てようとするならば、多かれ少なかれこういった姿勢は必要だろう。だが、そうすれば誰もが成功できるわけでもない。書店に搾取されっぱなしの著者のほうが、圧倒的に多かっただろう。「ドナルドソン対ベケット裁判」から四年後の一七七八年になっても、書店が搾取し著者がそれに甘んじる実態は、さほど変わっていなかったとみられる。

画家ラムジー邸でのこの日の昼食会では、ほかにもアダム・スミスと書店主のストラーンが口論したことや、アレクサンダー・ポープの評価についての会話があった。翌日、ジョンソンはボズウェルに、「ねえ、君、ラムジーは素晴らしい昼食を出してくれた。僕はラムジーが好きだ。会話にあれだけの教訓と知識と優雅さを盛り込める男はラムジーを除いてはないだろう」[218]とほめちぎっている。

出版業については、画家ラムジーにはある記憶があった。それは彼がまだ一九歳くらいのころ、父の『茶の間の愛唱詩集』の出版交渉の代理人として、あのミラーとわたりあったことがあるのだ。

一七三二年に画家ラムジーは父の手紙をたずさえて、ロンドンのミラーを訪ねた。父は息子に、「もしミラー氏の提案が気に入らなければ、彼にそういいなさい」と伝えた。そしてミラーへの手紙の追伸に「わたしの息子が同意すれば、この手紙を貴殿にわたすでしょう」[219]と書いた。

一〇代にして、すでに父から全幅の信頼を寄せられていた、そんな聡明さがわかる。父親の蔵書でかなりの教養を身につけていたのだろう。ロンドンの出版業界のことやコピーライトをめぐる問題についても、知的な会話に加わることができる経験を、画家ラムジーは確かにもっていた。

画家ラムジーは、父が設立にかかわったエジンバラのセント・ルーク・アカデミー・オブ・アートを出たあと、一年ほどロンドンで絵の勉強をした。そして、一七三三年にエジンバラへ戻り、父の家で肖像画家としての活動をはじめた。父親が劇場を開く直前の三六年の夏に、パリ、フィレンツェ、そしてローマへと、芸術を学ぶ旅に出た。三八年にロンドンへ戻り、五一年までコベント・ガーデンに住み、肖像画家として名声を次第に高めていった。

一七三九年には、最初の妻アンネ・バイン（?―一七四三）と結婚し二男一女が産まれたが、みな長じることなく夭逝した。妻も四三年に娘を産んだときに亡くなった。五二年にはマンスフィールド卿のいとこのマーガレット・リンジー（？―一七八二）と再婚する。マーガレットとのあいだにはジョンとアランというふたりの息子とふたりの娘が産まれた。

一七五三年後半から翌年七月まで、画家ラムジーはエジンバラへ戻り、そこで「セレクト協会」という知的サークルの立ち上げに加わる。「セレクト協会」には、アダム・スミス、デビッド・ヒュームをはじめ、著名な学者、文筆家、聖職者らが顔をそろえた。ドナルドソンの弁護人だったダリンプルもこの協会にいた。ベケットの弁護人を務めたウェダーバーンは、二二歳にして設立時の中心メンバーだった。アダム・ファーガソンや、若き日のボズウェルも、のちに参加する。まさに、スコットランド・ルネッサンスを担うひとびとが集う協会だった[220]。

「セレクト協会」の集まりは、夏から冬にかけて毎週のようにあった。活動期間は、一七五四年から六三年ころまでである。協会の目的は、哲学的なことの探究と会話術の研鑽《けんさん》だった。そのほかにも、芸術、科学、工業、農業のことも話題になった。

活動をみると、父のラムジーがはじめた「イージー・クラブ」と毛色が似ている。一八世紀のスコットランドでは、こんな秘密結社のようなサークル活動が盛んだった。それらのなかでも、のちのスコットランド啓蒙主義、ひいてはイギリスの近代化に与えた影響の大きさから、「セレクト協会」をとくに評価する歴史家もいる。近代社会の基礎を作ったひとびとのネットワークのなかに、画家ラムジーがいたことは、強調しておいてよいだろう。

さて、画家ラムジーは、一七五四―五七年に二度目のイタリア留学をし、帰国してからはロンドンのソーホーに住んだ。ジョージ三世の肖像画を描き、宮廷画家として不動の名声を固めていったのもこのころだ。

啓蒙主義の思想家の肖像も手がけた。ヒュームの肖像は、一七五四年と六六年の二回にわたって描いている。六六年にはジャン・ジャック・ルソー（一七一二―七八）の肖像も描いた。スイスを追われたルソーは、ヒュームを頼ってロンドンに来ていた。その機会に、おそらくヒュームが紹介して、画家ラムジーのキャンバスにおさまったのだろう。また描きこそしなかったが、画家ラムジーは『百科全書』を編集したデニス・ディドロ（一七一三―八四）と、一七六五年のパリで交際していたこともわかっている。

一七七三年に画家ラムジーは、はしごから落ちるという事故にあう。利き腕の右肩に大けがをしてしまい、やむなく画家を引退する。それからはエッセイを書いたり、イタリアを旅行したりする余生を送った。エジンバラの「がちょうパイ」に滞在しているあいだには、友人を呼んでは昼食会を楽しんだ。

妻のマーガレットは一七八二年三月に亡くなった。傷心の画家ラムジーは半年後に息子のジョンとともに四度目のイタリア旅行に出かけ、帰国の旅の途中だった八四年八月に港町のドーバーで亡くなった。スコットランド・ルネッサンスの時代を生きた、七一年の生涯だった。

このように、画家ラムジーは啓蒙主義のひとびとと深い交流をもっていた。もちろん、彼が啓蒙主義の隠れた中心人物だったとまではいえない。彼らは緩やかなネットワークを作って、お互いに啓発しあっていたのだ。そして画家ラムジーもそのなかにいた。ネットワークの中心ではないにせよ、もし彼がいなければ啓蒙主義者の交友関係が微妙に違っていた可能性はある。

画家ラムジーには画才だけでなく、父親譲りの文才もあった。思想家らとの交際で培った教養を駆使して、社会評論をいくつも書いた。それらのうち、『笑い種のエッセイ』(一七五三)と『探究者』(一七五五)はミラー書店から、『イングランド憲法論』(一七六五)はベケット書店から出版している。[221]

これらの事実から、画家ラムジーは父から二代にわたってミラーとつき合いがあったこと、画家ラムジーとベケット、ウェダーバーン、ダリンプルはおなじ人的ネットワークのなかにいたことがわかる。かといって、啓蒙主義思想家につながる画家ラムジーのネットワークと、ドナルドソンのネットワークが対立する別のものだったともいえない。詩人ラムジーの貸本屋がエジンバラの文化に貢献したことは疑いなく、ドナルドソン書店も画家ラムジーのネットワークも、その地平のうえに生まれたからだ。ロンドンよりもはるかに安い「海賊版」が手近にあったことも、スコットランドで啓蒙主義が開花した理由のひとつである。ドナルドソンのような「海賊出版者」と文化人は、実は共存関係にある。

法律家たちの晩年

「ドナルドソン対ベケット裁判」にかかわった法律家たちの、その後をみておこう。[222] 立場の違いこそあったが、サーローもウェダーバーンもマンスフィールド卿も、パトロンとして文芸を支えていた点ではおなじだった。ウェダーバーンとマンスフィールド卿は、文士の世話に心を砕いた。サーローに到っては、無名の文士の援助もしていたという[223]。「アン法」で守られていたのは書店主だけで、駆け出しの文士はあいかわらずパトロンを頼りにするしかなかった。文化の担い手を育てたいという思いは、三人ともおなじだった。

マンスフィールド卿の晩年は、あまり幸福ではない。その原因は、一七七八年のカトリック救済法にある。エリザベス一世の時代から、カトリック教徒はイギリス国内で差別されていた。公職につけないことはもとより、ミサの開催や土地の所有まで禁止された。七八年の法律ではまず、カトリック教徒の土地所有や軍への入隊が認められた。

「カトリック救済法」に過激に反発したのが、上院議員のジョージ・ゴードン(一七五一—九三)だった。法律に反感をもつプロテスタントを組織し、一七八〇年六月二日にウェストミンスターの議会までデモ行進した。行進に加わった群衆は、四万—六万人だった。ゴードンが下院で請願をしているあいだに、群衆は暴徒と化した。世にいう「ゴードン暴動」である。

暴徒たちは、カトリック関連施設と国家権力の象徴へと向かう。ニューゲート監獄を破壊し、解放された囚人も加わって、カトリック教会やイングランド銀行をつぎつぎと襲った。そして暴徒は、大英博物館近くのブルームズベリー広場にあったマンスフィールド邸へと進む。王座裁判所の主任裁判官として永く君臨していたマンスフィールド卿もまた、暴徒たちにとっては国家権力だった。おまけに彼は、法に反してミサをしたカトリックの神父を放免するよう、裁判官に働きかけたことがあった。スコットランド出身だということも民衆の反感を買っていたし、ジャコバイトとかかわっていた過去も許せなかった。彼らの手には、マンスフィールド卿を処刑するためのロープが握られていたという。

　マンスフィールド卿は、警護の兵をつけることを断ってしまったらしい。兵の姿をみて暴動がより凶悪になることをおそれたからだという。だが、彼の判断はまちがっていた。兵のいないマンスフィールド邸を、暴徒はやすやすと襲った。邸宅まえの広場に群衆が集まるのをみて、マンスフィールド夫妻は裏口から脱げ、危うく難をのがれた。邸宅は壊され、生涯をかけて集めた膨大な本と司法資料の貴重なコレクションが、調度品とともに広場で焼かれた。

　暴徒たちは、グレート・オーモンド通りにあったサーローの邸宅にも向かった。このときサーローは大法官に昇進していた。マンスフィールド卿と違ってサーローは、暴徒たちに備えて邸宅のまわりを三一人の警備兵に守らせていたので、破壊をまぬがれた[224]。

　ジョンソンは、ある夫人への書簡のなかでゴードン暴動について書いている。生々しい記録なので、少し長くなるが引用しておく。

「金曜日に善良なプロテスタントどもはジョージ・ゴードン卿の召集に応じてセント・ジョージ・フィールズに集合してウェストミンスターへ行進し、上下両院の議員たちに罵詈雑言を浴びせたが、彼らはそれを全く無気力に甘受しました。夜になって暴行はリンカンズ・イン近くの教会の破壊によって口火が切られました。」

「私はこの一週間のこの反政府暴動の正確な記録はお伝えできません。月曜日にいち早く自分も侮辱を受けたストラーン氏は同様の憂き目に遭っていたはずのマンスフィールド卿に俗衆の無軌道について警告を発していましたが、卿はこれを極めて軽微な不規律に過ぎないと考えました。……火曜日の夕方連中はフィールディングの焼跡を後にしてニューゲートへ向い、礼拝堂破壊の罪で拘引されていた仲間の釈放を要求しました。市長の許可なしには彼らを釈放する権限がない看守がそれを求めに行って帰って見ると、留守の間に囚人が残らず釈放され、ニューゲートが火炎に包まれているのを発見しました。彼らは続いてブルームズベリに向い、マンスフィールド卿の家に狙いを付けてそれを引き倒し、彼の財産をことごとく焼き払いました。その後暴徒は「マンスフィールド卿の別邸がある」カーンウッド〔ケンウッド〕へ回ったが、そこに配置されていた衛兵が彼らを押しとどめました。彼らはこの夜に恐らく何人かのカトリック教徒を掠奪し、同じ夜にムアフィールズのミサ堂も焼き払った模様です。」

「私は水曜日にスコット博士と一緒にニューゲートを見に行き、それが廃墟と化して炎がまだ上っているのを見ました。通りがかりに私はプロテスタントどもがオールド・ベーリの中央刑事裁判所を掠奪している現場を見受けました。人数は百人といなかったはずですが、彼らは狼狽して見張り番を立てるでもなく、まるで真昼間に公務を執行中のように悠々と安全に仕事をしている恰好でした。商業地域の臆病さ加減はこの通りです。水曜日に彼らはフリート監獄、王座裁判所、

写真 5.1　マンスフィールド卿別邸「ケンウッド・ハウス」(2006 年著者撮影)

マーシャルシー監獄、ウッドストリート拘置所、クラーケンウェルの矯正院等々を片っぱしから開け放って囚人を残らず脱走させました。」

「夜に奴らはフリート監獄や王座裁判所を初めあらゆる建物に放火したので、多くの地区から天を焦がす紅蓮の炎が見え、全く何とも恐るべき光景でした。色々な人が脅され、ストラーン氏も私に充分気をつけるよう忠告しました。貴女がこのような途方もない恐怖の場面に遭わないで済んだのは幸運でした。」(225)

受難のマンスフィールド卿は、ロンドン郊外のケンウッドにもっていた邸宅に移り住んだ。その邸宅は、ロンドンの高級住宅地ハムステッド近くに、「ケンウッド・ハウス」の名で残っている。(226)

湖のある四五ヘクタールの広大な庭園や、ウェッジウッドの皿をそのまま天井や壁にしたかのような豪華な書斎が、マンスフィールド卿の晩年の生活を伝えている。毎年夏になると庭園の湖のほとりで毎日のようにコンサートが開かれる。映画のロケにもたびたび使われていて、「ノッティングヒルの恋人」（一九九九）でジュリア・ロバーツとヒュー・グラントが再会するシーンが、ここで撮影された（写真5．1）。

写真 5.2　ウェストミンスター寺院にあるマンスフィールド卿の像
（Photo: 14GTR, Wikimedia Commons, CC BY-SA 4.0）

一七八八年に八三歳で王座裁判所の主任裁判官を引退したあとは、マンスフィールド卿はずっとケンウッドで平穏な日々を過ごした。最期の五年間は、一晩たりとも外泊することはなかったという。彼には子どもはいなかったが、ケンウッドに四人の姪たちを住まわせ養育した。

体調の変化が起きたのは、一七九三年三月十日の日曜日の朝だった。朝食をとったあと、眠気とだ

写真 5.3　カムデン・タウンのにぎわい（2006 年著者撮影）

るさを訴えて床についた。そして二日後にベッドの上で「眠らせてくれ――眠らせてくれ」といいながら意識をなくし、二十日に静かに息を引き取った。[227] 八八歳だった。マンスフィールド卿の遺体は、王室の儀式が行われることで有名なウェストミンスター寺院に埋葬されている。寺院内には、マンスフィールド卿がゆったりと椅子に腰掛けた姿を写した、高さ四メートルもあろうかという巨大な彫像がある（写真5．2）。少年時代を過ごした母校のあるウェストミンスターに葬られることが彼の望みだったと、碑文に刻まれている。

マンスフィールド卿のライバルだったカムデン卿については、生涯を詳しく知ることができない。「ドナルドソン対ベケット裁判」のときにはもう、大法官を引退したあとだったので、その後は目立った仕事はしていない。[228] アメリカ植民地の税制には、ずっと反対していたことが知られているくらいである。彼は年をとるにつれて健康に気を配るようになり、有名な保養地のバースでのんびりと暮らした。(229)

カムデン卿は、ロンドンの北部に領地をもっていた。一七八八年に議会の許しを得て、その土地の開発をはじめた。それから六年後の一七九四年四月十八日に、カムデン卿は七九歳で亡くなり、ロンドンから南東へ約三〇キロメートル離れた、ケント州のシールという田舎町の小さな教会に葬られた。カムデン卿は父の代からそこに邸宅をもっていたのだ。ウェストミンスター寺院に入ったマンスフィールド卿とは好対照である。

ロンドン北部にもっていた領地はやがて町になり、領主の名を冠してカムデン・タウンと呼ばれるようになった。カムデン・タウンにはかつて日本人学校があったので、日本人にはなじみの深い街だ。いまはパンク系ファッションのメッカとして知られている。衣服やメタリックなアクセサリー、なかには怪しげなキノコを堂々と売る露店が並び、週末ともなるとたいへんな人出がある。もしカムデン卿がみれば目を丸くしそうな、奇抜なファッションの若者が闊歩し、街全体が活気にあふれている(写真5.3)。民衆に愛されたカムデン卿の遺徳なのだろうか。ケンウッドの旧マンスフィールド邸とカムデン・タウンは四キロメートルほどしか離れていないのに、その高貴さと雑駁《ざっぱく》さの対比が面白い。ふたりはいまでも、自分のスタイルを主張しあっているかのようだ。

大法官だったアプスレー卿は、アメリカ独立戦争をめぐる政界の対立に巻き込まれて、追われるようにその職を辞した。一七七八年のことである。かわって大法官の座に就いたのが、ドナルドソンの弁護人のサーローだった。サーローはそれから一四年間の永きにわたりイギリス司法のトップに君臨したが、首相の小ピット（一七五九―一八〇六）の政策に反対したことから、大法官の座を追われる。後任の大法官に選ばれたのは、終生のライバルだったウェダーバーンである。

「ドナルドソン対ベケット裁判」のときに法務次官だったウェダーバーンは、一七七八年に法務総裁になった。そして民訴裁判所の主任裁判官をへて、九三年に大法官になった。経歴だけみると、ウェダーバーンは二歳年上のサーローの、一歩後ろを追いかけていた恰好だ。そのウェダーバーンも、一八〇〇年に合邦したアイルランドのカトリック解放をめぐる小ピットとジョージ三世の対立に巻き込まれて、一八〇一年に大法官の座を追われる。その後は公式の場にあまり姿をみせることもなくなったという。

大法官を退いたあとウェダーバーンは、スコットランドの出身地近くの地名を取って初代ロスリン伯になる。名前に使うくらいだから、あるいはロスリンに領地をもっていたのかもしれない。その土地に一四四六年に建てられたロスリン礼拝堂は、ダン・ブラウンのベストセラー小説『ダ・ヴィンチ・コード』（二〇〇三）で、物語の謎にからむ重要な場所に設定され、脚光を浴びた。ウェダーバーンは、ロスリン礼拝堂を建てたセント・クレアーの一族でもあった。自分の名前にからむ土地が、二〇〇年後の小説で世界的に有名になるとは、想像もしなかったことだろう。

一八〇五年一月二日に、ウェダーバーンは突然の腹痛に襲われ、ウィンザーの自宅でいすに座ったまま亡くなった。国王のジョージ三世は精神を病んでいたが、ウェダーバーンの葬儀では、「彼のおかげで余の国から悪党がいなくなった」と弔辞を贈った。このときばかりはサーローも「いまの国王陛下は、まったく正気だ」と、終生のライバルの死を悼んだ。[230] エジンバラとロンドンを股にかけたこの法曹はいま、セント・ポール大聖堂にある地下聖堂のほぼ中央に、静かに眠っている。

その翌年の九月十二日に、サーローも臨終のときを迎えた。彼の死にも逸話が残っている。死にゆくサーローを召使いが二階へ引き上げようとしたとき、サーローの足が手すりに当たった。そのとき、彼は最期のことばを吐いた――それはぞっとするような呪わしいことばだったという。別のひとの証言では、サーローの最期のことばは「死ぬと思わなかったら撃たれている」(I'm shot if I don't think I am dying.)という、謎めいたものだった。

サーローは、ひとびとのためになると自分が思うことを大切にしたひとだった。[231] 終生妻をめとらなかったが、愛人とのあいだに一男二女がいた。その長男は二八歳で死亡していたので、サーローの男爵位は、甥のエドワード(一七八一―一八二九)に受け継がれた。サーローは王立裁判所近くにあるテンプル教会に埋葬されている。そのテンプル教会もまた『ダ・ヴィンチ・コード』のおかげで観光客が激増した。ウェダーバーンとサーローは、いまでも不思議な縁で結ばれている。

ドナルドソン書店のその後

アレクサンダー・ドナルドソンがロンドンを離れ、故郷に戻ったのは一七八九年ころだった。三年前にエジンバラの北はずれのブロートン・ホールに地所を手に入れていて、そこで余生を過ごした。妻のアンナは九二年に、そしてアレクサンダーは九四年三月十一日に亡くなった。彼はいま、エジンバラ中心部のグレイフリアース長老教会で眠っている[232]。

息子のジェームズ・ドナルドソンは、「ドナルドソン対ベケット裁判」の直前の一七七四年一月に、「エジンバラ・アドバタイザー」の編集を引き継いでいた[233]。アメリカ独立戦争（一七七五―八三）のあいだは、群衆がドナルドソンの印刷所のまえに集まり、先を争って新聞を買い求めて、ときおり暴動に似た騒ぎにもなったという。

一七八二年にジェームズは、書店主として正市民になった。ジェームズは父が創刊した「エジンバラ・アドバタイザー」の編集者としての仕事を、怠ることなく務めた。そんなまじめな彼も、生涯にただ一度だけ、編集の仕事を休んだことがある。それは、九二年の新婚旅行のときだった。ジェームズの伴侶になったのは、医者の娘のジーン・ジレスピー（一七七〇―一八二八）である。

新婚旅行から戻ると、ジェームズは新妻をオフィスへ連れて行った。ジーンは、これでいちごでも買ってくださいと、雇いの職人たちに小銭をわたした。ジーンからの心づけは、リースでの競馬がある期間の水曜日の夕食会での恒例になった。

夏の競馬は、エジンバラ市民の一大娯楽だった。もちろんドナルドソン書店の面々もこれを楽しみにしていて、期間中は使用人たちにごちそうがふるまわれた。競馬場には毎年のようにドナルドソン夫妻の姿がみられた。

あるとき、競馬の時期に恒例の心づけとごちそうを、中止しなければならない事故が起きた。まつりのさなかに乗馬隊の少年が落馬して、足を骨折してしまったのだ。ジェームズはこの事故をたいへん残念がり、王立診療所に入院した少年の世話をやいたという。

ジェームズは、人あたりがよい人格者で、仕事上の自分の義務をしっかり守り、そのうえ優しかった。彼は使用人のこともたいへん大事にしたので、みなあかるく熱心に働いた。用事や仕事で訪ねてきたすべてのひとに、ビールとパンと肉を出した。だが、決められた時間が来るとすぐにオフィスへ戻り、仕事をつづけた。

彼は、きちょうめんで信頼できるひとだった。早起きで、朝六時過ぎにはもうオフィスの椅子に座って、使いの少年が郵便局から手紙を運んでくるのを待っていた。少年にはいつも、なにか困ったことがないか尋ね、朝食をごちそうした。

ジェームズが結婚したあとの最初の住居はエジンバラのジョージ通りにあった。その後、いまは観光客でにぎわう繁華街のプリンシーズ通り八五番地へ引っ越し、終生をそこで過ごした。ウェスト・ボウの生家には、おばのマーシャルが住んでいた。おばの死後は倉庫がわりに使っていたが、隣家が放火されて生家も焼けてしまった。

一七八九年のフランス革命でも、「エジンバラ・アドバタイザー」は読者を増やした。広告料収入が増え、たくさんの財産をジェームズにもたらした。戦争が新聞読者を増やす構図は、日露戦争を期にいまの大新聞が育った日本と似ている。

七〇歳近くになると、ジェームズは痛風で寝込むようになり、新聞の発行がままならなくなった。「エジンバラ・アドバタイザー」の出版者として最後に名前が出たのは、一八二〇年三月七日である。

ジェームズは、書店主と編集者の仕事のほかにも、いろいろな公職にも就いた。一七九〇年から一八一九年まではエジンバラ商業会議所の会長だった。一七九九年から一八一九年まで公共施療院の支配人にもなる。一八〇七年にはスコットランド銀行の総裁にも選ばれ、途中の二年間を除いて三〇年までその職にあった。

妻のジーンとのあいだには五人の子どもが産まれたが、みな早くに亡くなってしまった。ジーンは一八二八年にこの世を去り、ジェームズも三〇年十月十九日にブロートン・ホールで亡くなる。そしてジーンが眠る、セント・ジョーンズ教会の墓地に葬られた。

エジンバラのハイストリートにあったドナルドソン書店は、一八二四年に大きな火災にみまわれ、当時の建物はもう残っていない。火災のあと、ドナルドソン書店があった場所は警察署になった。[234] その警察署もすでに移転し、建物は警察博物館としてしばらく使われたのち閉鎖された。

裁判がもたらしたもの

さいごに、文学の所有権をめぐる一八世紀の裁判がもたらしたものを総括したい。

文学の所有権はしばしば土地の所有権を比喩にして考えられてきた。土地の所有といえば、一八世紀をとおしてイギリス中で囲い込みが激しく進んでいた。囲い込みとは文字どおり土地を囲って、所有権を新たに主張することをいう。もともと所有者のいないものに新たな所有権を主張して、私有化することへの情熱が、イギリス貴族のあいだで高まっていた。政治史学者の松園伸によると、一八世紀前半までは土地囲い込み法の制定は少なく、一七一九年から四三年までは八七件だった。ところが七〇年以降にこれが急増し、九四年までに一〇五八件が立法化された。とくに「ドナルドソン対ベケット裁判」の前年にあたる七三年の議会は、土地の囲い込みを積極的に拡大していた。[235] 歴史家のロイ・ポーターによると、議会を通過した土地囲い込み法案の数は、一七四〇年代が六四、五〇年代が八七、六〇年代が三〇四、そして七〇年代には四七二にもなる。[236]

大書店主たちによるコピーライト裁判も、土地の囲い込みという時代の気分を反映していのだろう。ところが上院の判決では、「永久コピーライト」という囲い込みには、大差でストップがかかった。土地の囲い込みには熱心だったはずの上院の貴族たちも、最終的には本という文化は、土地のような有体の経済財の比喩ではとらえきれないと認めたことになる。貴族たちはみな地主だったこともあり、土地の所有と本の中身の所有とは根本的に違うことをよく知っていた。

上院議員は高い教育を受けたインテリの貴族だった。彼らは本の読者でもあり、場合によっては著者でもある。つまり、活字文化の中心的な担い手だった。「永久コピーライト」を認めることは、一部の大書店の利益にはなっても、読書界のためにはならないことを、身をもって実感できるひとたちでもあった。本やコピーライトは、経済財であるまえに文化財なのだということを、よくわかっていた。

本に書かれている知識の大半は、すでにどこかに書かれてあることや、いわれていることを再構成したものだといってよい。すべての知識に所有権があるのだとすれば、いま誰かが所有している知識、かつて誰かが所有していた知識を使わなければ、ひとは何かを表現することができないことになる。それでは文化活動が窮屈になることは目にみえている。本に限らず文化というものは、何もないゼロの状態から作られるのではない。すでにある何かに、いくばくかの事をつけ加えていくことが、文化の営みなのだから。

たとえば、この本でも取り上げた『サイクロペディア』という百科事典は、たくさんの本から文章や図版を切り貼りして作られた。百科事典や辞書のなかには、いまでも切り貼りに近いやり方で作られているものもあると聞く。事典の編纂には、コピーライトとのぎりぎりの闘いがつきまとう。

『エンサイクロペディア・ブリタニカ』の初版は、一七六八―七一年にエジンバラで出版された。それをみても、やはり既存の本からの切り貼りが目立つ。世界で最も優れた百科事典といわれる『エンサイクロペディア・ブリタニカ』は、スコットランドでコピーライトの規制が緩かったおかげで、産声をあげることができたのだ。

ジョンソンの『英語辞典』にしても、ようはすでにある英単語を集めたものだ。ことばそのものを、ジョンソンが作ったわけではない。彼ひとりの労働を超える部分が、『英語辞典』にはまちがいなくある。『英語辞典』という土地は、ジョンソンが耕すまえから、英語を使ってきた祖先によって拓かれていたというべきだ。ミラーら一握りの大書店主が『英語辞典』の出版で大儲けをし、それを未来永劫にわたって独占するのは、やはりおかしい。

現代に目を移してみよう。囲い込まれた文化もまた、一種の商業性をもつ。コピーライトを所有する者が、あたかも大農園の所有者のようにふるまっている。大規模な文化産業の場合、コピーライトの所有者は、創造性によって文化という土地を切り拓いたり、耕したりした当人ではかならずしもない――クリエイターと権利者は別のことが、往々にしてある。権利者は農民を雇うようにクリエイターを雇い、本来彼らに与えられている権利を契約で取り上げ、それを使って商売をしている。権利者たちはそうすることが文化の発展のために必要なのだというが、はたしてそれがどこまでそういえるのかは疑ってみる必要がある。

そういう文化産業が施政者に働きかけて、コピーライトの保護範囲が文芸から美術、音楽、写真、映画、コンピュータ・プログラムにまで広がり、保護期間もつぎつぎと延ばされてきた。文化の共有地の囲い込みである。それによって巨大な文化産業はますます強大になり、すでにある文化を耕して何かを得ようとするクリエイターは、活動の場を奪われる。コピーライトを主張しなければならないという強迫観念がはびこり、また権利を侵害するおそれのあるすべての文化活動が萎縮している。

肝心なのは、持ち過ぎないということなのだ――とくに生存に必要な範囲を越えて。大書店主たちがしていた独占は、あきらかに生存のためではなく、個人の過剰な蓄財と資本の拡大再生産のためであった。そしてもっとも問題なのは、知の地平を耕した著者から搾取しながら、その著者の名のもとにコピーライトの永久独占を主張したことにある。

ドナルドソンの考えは、ある意味では市場主義だった。法の規制を最小限にとどめ、コピーライトが切れた本を書店の自由な商業活動にゆだねれば、それこそアダム・スミスがいう「神の見えざる手」に導かれるように、社会的に最適な状態へ向かう。ドナルドソンはスミスの影響を受けていた――というよりも、スコットランドの知的環境にいたスミスのほうが、ドナルドソン流の商業活動を理論化したのだとはいえないか。

「ドナルドソン対ベケット裁判」で、イギリスの出版界に変化があらわれた。その第一は古典の解放である。「アン法」以前からあった本の印刷・出版が一七三一年からは自由になったおかげで、古典の再刊ビジネスが成立し、それが出版界を長く下支えした。第二は、新人や新作への投資が盛んになったことである。権利は最長で二八年間しか保護されないので、新たな書き手を育て、新たな作品を作り出すことに、書店は力を入れざるを得なくなった。それが一八世紀末からの英文学の隆盛を生むことにつながる。(237) 権利を制限することが、文化の振興になったのである。

エピローグ

二〇〇三年九月、わたしはエジンバラ空港から市内へ向かうリムジンバスに乗っていた。ちょうど夏のエジンバラ・フェスティバルが終わったばかりで、街は平穏さを取り戻しつつあった。目指す建物は、市街地にさしかかる少し手前あたりの、バス通りに面した場所にある。六四〇〇平米もある広々とした敷地をもつ、芝生に囲まれたお城のような建物がみえてくる。建築家のウィリアム・ヘンリー・プレイファー（一七九〇—一八五七）が設計した、ドナルドソンズ・カレッジの建物である（写真6．1）。

（ただし、カレッジそのものは、二〇〇八年にエジンバラ郊外へ移転してしまった。）

この学校は、一九九二年までドナルドソンズ・ホスピタルという名前だった。ホスピタルといっても病院の意味ではなく、養育院と訳すのが正しい。学校の創立者は、ジェームズ・ドナルドソンである。全寮制の聾学校として世界をリードする教育機関で、三—一八歳の子どもたちが学んでいる。わたしが訪れた時期は学年の変わり目だったので、子どもたちの姿はなかった。休み中はみな、親元に帰っているようだ。

モンゴメリー博士という、学校の歴史に詳しい六〇がらみの紳士が、建物を案内してくれた。イギ

写真 6.1　ドナルドソンズ・カレッジ（2003 年著者撮影）

リスの古い学校によくあるような、たっぷりとした中庭と回廊が、とてもぜいたくだ。どの部屋も飾り気はあまりないが、とにかく天井が高い。最近のビルのような圧迫感がなくていいですねというと、冬になると暖気が上のほうにたまって、座っていると冷えるのだと、博士は苦笑いした。

創立者のジェームズ・ドナルドソンとその父のアレクサンダーのことを調べていると、わたしが来訪の意図をいうと、文学の所有権のことですねと、博士は少しばつの悪そうな表情をした。創立者が「海賊出版者」だったことを、いってほしくないのだと感じた。

学校の展示室兼資料室にとおされた。数々の展示品に混じって、ジェームズの遺言書の写しがある。遺言書は死の翌日に、金庫のなかから発見された。あったのは遺言書の現物ではなかったが、歴史を感じさせるノートに達筆な筆記体で転写されている（写真6．2）。そこにはこう書かれてあった。

一八二八年七月四日、ブロートン・ホールにて。ブロートン・ホールとブロートン・パークのジェームズ・ドナルドソンは、これがわたしの遺言だと宣言する。内容の追加・訂正・変更はいつでも、たとえ死の床の上でも、行う自由がある。（わたしの以前の遺言と補遺をすべて無効にすることも。）

わたしが遺すすべての所有地、遺産、そして私財、すなわち、
年三分の利息つき永久公債を一〇万ポンド
イングランド銀行株
年四分の利息つき新公債
スコットランド銀行株
王立銀行株
スコットランド銀行預金
ブロートン・ホールとブロートン・パークの所有地
同上　プリンシーズ通り
同上　キャッスル・ヒル、そしてわたしが死ぬときにもっているすべての所有地

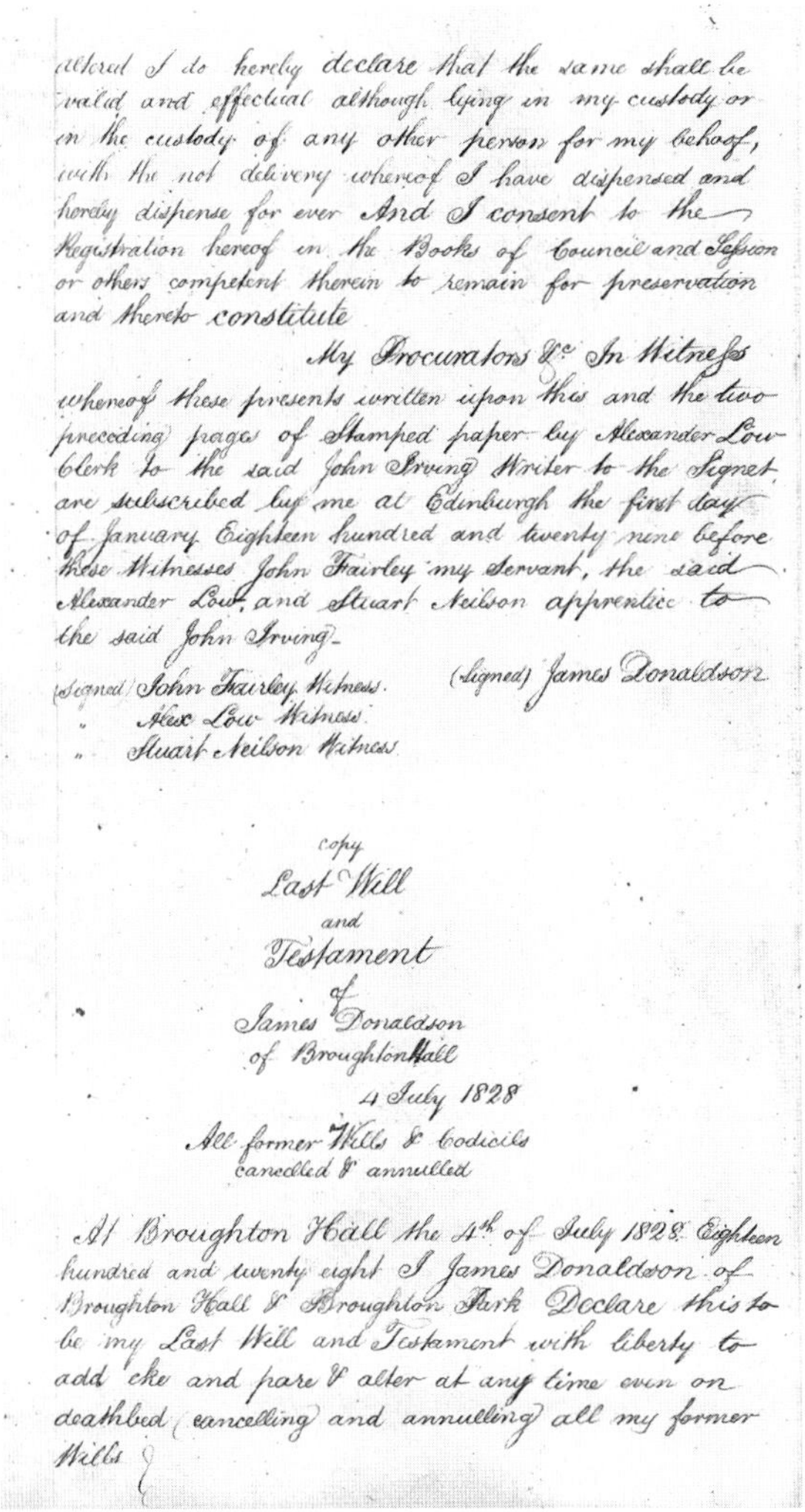

altered I do hereby declare that the same shall be
valid and effectual although lying in my custody or
in the custody of any other person for my behoof,
with the not delivery whereof I have dispensed and
hereby dispense for ever And I consent to the
Registration hereof in the Books of Council and Session
or others competent therein to remain for preservation
and thereto constitute

My Procurators &c In Witness
whereof these presents written upon this and the two
preceding pages of Stamped paper by Alexander Low
Clerk to the said John Irving Writer to the Signet
are subscribed by me at Edinburgh the first day
of January Eighteen hundred and twenty nine before
these Witnesses John Fairley my Servant, the said
Alexander Low, and Stuart Neilson apprentice to
the said John Irving.

(Signed) James Donaldson

(Signed) John Fairley Witness.
" Alex Low Witness
" Stuart Neilson Witness

copy
Last Will
and
Testament
of
James Donaldson
of Broughton Hall
4 July 1828
All former Wills & Codicils
cancelled & annulled

At Broughton Hall the 4th of July 1828 Eighteen
hundred and twenty eight I James Donaldson of
Broughton Hall & Broughton Park Declare this to
be my Last Will and Testament with liberty to
add eke and pare & alter at any time even on
deathbed (cancelling and annulling) all my former
Wills

写真 6.2　ジェームズ・ドナルドソンの遺言書の写し
（ドナルドソンズ・カレッジ所蔵）

年間の家賃収入
これらを少年や少女たちのための養育院の建設と創立に使うこと。その養育院は、ドナルドソンズ・ホスピタル、あるいはドナルドソン・アンド・マーシャル・ホスピタル（後半はわたしの母の名です）と名づけること。エジンバラの捨て子養育院の計画やジョン・ワトソンズ養育院のようなものを望む。

ジェームズは、父の代からの出版業で蓄えた莫大な遺産のほとんどすべてを、恵まれない子どもたちのための養育院の設立につぎ込むよう、いい遺していた。その金額は、いまの貨幣価値に換算すると数十億円くらいではないかとみられるが、不動産の価値は時代によっても国によっても異なるので、単純な比較はできない。

ドナルドソンズ・ホスピタルは、ジェームズの遺言にしたがって創立された。建物は、一八四二年から九年がかりで作られた。かつてビクトリア女王がこの壮麗な学校を訪れたさい、「ここはスコットランドにあるわたしのどの宮殿よりもすばらしい」といったという。

カレッジの広々とした芝生をみながら、ここでボールを追いかけ走り回る子どもたちの姿を想像してみる。ドナルドソン親子の仕事は、「海賊出版」だったのかもしれない。だが彼らが作った安価な本は知識に飢えた若者を満たし、蓄えた財は恵まれない子どもたちのために、こうしていかされている。「永久コピーライト」をかけた彼らの闘いは、最終的には私欲のためではなく、公共のためになったことは、やはり否定できない。福祉に全財産を投じたジェームズの最期の決断を、アレクサンダーは草葉の陰で喜んだことだろう。きっとあの世で、わが息子ながら立派だとほめて迎えたに違いない。

そんなことを思いながら暇乞いをすると、自分はこれからラグビー観戦に行くので、近くの駅まで車で送りましょうと、モンゴメリー博士がいう。今夜スコットランド代表の試合があって、息子が代表チームの一員なのだと、得意げにいった。息子自慢のスコットランド人が、ここにもいた。

旧版の「おわりに」

最近のことである。小学校の四年生以上の授業で、こんなことが教えられている。

ひとが作った文章や絵を、勝手に真似したり写したりしてはいけません。音楽ＣＤの中身をみだりにコピーしてもいけません。どんな作品にも著作権というものがあって、それを作ったひとに断りなく真似やコピーをしてはいけないのです。

図工の時間に、ある児童が行き詰まってしまった。いいアイデアが、どうしても浮かばないのだ。先生は「お友だちが作っているものをみて、参考にしてごらん」という。そこで、図工の得意な子が何を作っているかをみにいったら、こういわれた。「ぼくのまねをすると、著作権のしんがいになるよ。」

小泉純一郎が「知財立国」をいいはじめたころから、小学校で著作権を教えることが盛んになってきた。文部科学省や文化庁がその音頭を取っているのだ。図工の時間の話は、まだ小学生だった息子から聞いた本当にあった話だ。著作権を強くしたいひとたちにとっては、これが理想的な教育なのだろうか。

だけど、何か心にひっかかるものはないだろうか？　著作権というものは、特定のひとの利益を守るために人工的に作られた権利で、とても功利的なものでもある。そんなものを主張しろと、子どもたちに教えていいのだろうか。子どもたちにまず教えるべきことは、困っている友だちに手を差し延べること、お互いに協力し影響し合うこと、そうした助け合いからよい作品、よい人間関係、そしてよい社会を作っていくことではないのか？　そんな問題意識を、わたしはここ数年もちつづけている。

著作権は英語でコピーライトという。歴史的な成り立ちを考えると、日本で著作権といっているものと、英語のコピーライトとは別のものなのだが、どちらもいまのコンテンツ産業を成り立たせている基本的な権利であることにかわりはない。この「おわりに」では乱暴を承知で、コピーライトと著作権を区別しないで使うことにする。

少し意外かもしれない例をあげよう。いまの日本の著作権法では、こんなことをするとおそらく犯罪になってしまう。

・レンタル店から借りたＤＶＤから自分用のコピーを作る。
・図書館から借りた本をまるまる一冊コピーする。
・「多数」のひとが集まった誕生日パーティーで「ハッピー・バースデー」の歌をうたう。
・音楽ＣＤから好きな曲を抜き出して、マイＣＤを作って「多数」のひとに配る。

・好きなマンガのキャラクターを使って自分のマンガを作り、同人誌即売会に出す。
・インターネットの自分のホームページに、アニメのキャラクターや市販のCDからの音楽を載せる。
・テレビから録画した番組やCMを、インターネットに流す。
・発表されたばかりの、外国の小説や映画のセリフを自分で翻訳してネットで公開する。

どうだろう。これらのすべてについて「それは絶対によくないことだ」と思うだろうか？「ハッピー・バースデー」の曲については、説明がいるだろう。誕生日に「ハッピー・バースデー・トゥー・ユー」と歌うのは、日本を含めて英語が広まった国々に共通の文化といってもいいくらいなのだが、これにも所有権がある。実はこの曲のコピーライトは、AOL／タイムワーナー社がもっていて、二〇三〇年にならないと権利切れにならない（新註1）。だから許可なく「多数」のひとのまえで、この曲を歌ってはいけないのだ。ちなみに、何人以上が「多数」なのかの定義はない。

（新註1）これは旧版当時の米国での状況で、日本では二〇〇七年五月二二日に保護期間を満了していたと理解されている。

さて、その著作権あるいはコピーライトは、どれくらいのあいだつづくのだろうか。いまの日本の著作権法では、実名で公表された作品は著作者の死後五〇年、団体名義の作品ならば公表後五〇年、映画ならば公表後七〇年になっている。特許は出願してから二〇年しか守られないのと比べると、その長さがきわだつ（新註2）。

（新註2）これらの保護期間は旧版当時のものである。

日本の著作権は、もともとこれほど長くは守られていなかった。一八九九年の旧著作権法では著作者の死後三〇年で、写真は発行後一〇年だった。一九七〇年にできたいまの法律で死後五〇年に延ばされた。映画と写真の保護期間も延ばされたが、これらは死後五〇年ではなく、公表後五〇年とやや短かかった。それに対して写真家の団体が著作権を延ばすことを求め、一九九六年の法改正で写真もまた死後五〇年、守られることになった。二〇〇四年には映画もまた、公表後五〇年から七〇年へと延ばされた。延長の背景にはもちろん、映画産業からの要請があった。

映画の著作権の延長は、保護期間を「国際水準」に近づけようというかけ声のもとに行われた。アメリカでは映画は公表後九五年も保護されているのに、日本がたったの五〇年なのは日本の「後進性」のあらわれだと、映画産業は主張していた。裏事情をいえば、公表後五〇年のままだと、日本映画の黄金期の作品がつぎつぎと権利切れになる――そうなると困るひとたちが働きかけて延ばされたのだ。

小津安二郎（一九〇三―六三）の「東京物語」（一九五三）は、二〇〇三年に著作権が切れた。二〇〇四年に保護期間が延びたおかげで、黒澤明（一九一〇―九八）の「七人の侍」（一九五四）や本多猪四郎（一九一一―九三）の「ゴジラ」（一九五四）は、二〇二四年まで守られることになった（新註3）。

（新註3）黒澤明作品の著作権については、廉価ＤＶＤの販売をめぐる裁判の判決が二〇〇七年にあった。現行著作権法の施行（一九七一年）以前に公開された映画については、旧著作権法の規定（独創性のある映画の保護期間は著作者の死後三八年間）があり、黒澤作品にはこれを適用する判断が下された。その結果、「七人の侍」は二〇三六年まで保護されると考えられる。

日本での映画の保護期間を延ばせと強く求めたのはアメリカ政府で、延長でいちばん恩恵を受けたのは、ハリウッドだといわれている。ディズニー映画でいうと、「シンデレラ」（一九五〇）、「ふしぎの国のアリス」（一九五一）、「ピーター・パン」（一九五三）は、二〇〇三年に日本で著作権切れになっていたし、そのままだと「わんわん物語」（一九五五）、「眠れる森の美女」（一九五九）、「一〇一匹わんちゃん」（一九六一）といった作品の権利が、つぎつぎと切れていくはずだった。

著作権やコピーライトが切れると、どういうことが起こるのだろうか？　まず、複製が自由になるので、誰でもコピーを売ったり配ったりできるようになる。まだ収益をあげている作品がそんなことになると、映画会社は困る。

消費者にとってはどうだろうか？　二〇〇〇年を過ぎたころから、著作権切れになった映画が一枚五〇〇円くらいの格安ＤＶＤになって売られるようになった。古いディズニー映画も、権利が切れた公有作品――「パブリック・ドメイン」だと銘打って、ディズニー以外の会社が安く売っている。そのおかげで、なかなかみる機会がなかった過去の名作もみられるようになった。業界にとっても、権利切れ映画の格安ＤＶＤという、あらたな市場が生まれている。とにかく値段が安いので、若いひとたちでもじゅうぶん買える。

「ローマの休日」（一九五三）、「シェーン」（一九五三）は、二〇〇三年に権利切れを迎えて、格安ＤＶＤになってあらたなファンを得た。「ローマの休日」などはテレビＣＭのワンシーンとして再創造され、主演のオードリー・ヘプバーン（一九二九―九三）の尊敬すべき生涯に関心をもつひとも増えている。

アメリカでは、コピーライトの保護期間は何度も延ばされてきた。一七九〇年の最初の連邦コピーライト法では、登記の日から長くても二八年しか守られていなかった。それが一八三一年には最長で四二年に、一九〇九年には五六年になった。

ミッキーマウスの初出は、一九二八年の映画「蒸気船ウィリー」である。このときのコピーライト法では長くても五六年の保護だったので、ミッキーマウスのコピーライトは一九八四年に切れるはずだった。ところが一九七六年に法改正があり、一般の著作物は死後五〇年、法人著作物の場合は公開後七五年になった。そのおかげで、ミッキーマウスのコピーライト切れは、二〇〇三年にまで延びた。

ところが、一九九八年の「コピーライト保護期間延長法」（ソニー・ボノ法）で、一般の著作物は死後七〇年、法人著作物は公開から九五年も権利がつづくことになった。その結果、ミッキーマウスのコピーライトは、二〇二三年まで延命された。このように、ミッキーマウスの権利が切れそうになるたびに期間が延ばされてきたので、アメリカのコピーライト法は「ミッキーマウス保護法」だともいわれている。実際のところ、ディズニー社にとってコピーライト切れは深刻な問題だ。ディズニー社から議会に、延長を求める働きかけがかなりあったというウワサも、信ぴょう性が高い。

著作権やコピーライトの保護期間を過ぎた作品は、いくらコピーしようとかまわない。それを積極的に活用して、文化に貢献しているひとびともいる。「青空文庫」というウェブサイトでは、著作権が切れた文学作品が公開されている。日本文学のデジタル・アーカイブスとして、たいへん有意義で貴重なサイトである。英語のものでは、「プロジェクト・グーテンベルク」が有名だ。これらのサイトを利用すれば、わたしたちが共有できる作品を無料で読むことができる。こういったサービスは、本来ならば公的な資金でまかなわれるべきものだと思うのだが、「青空文庫」も「プロジェクト・グーテンベルク」も、すべてボランティアに支えられている。ボランティアのひとびとの努力と、著作権やコピーライトはいつか切れるというルールがなければ、これらの活動は成り立たない。

こうしたアンチテーゼがある一方で、日本の著作権の保護期間を、もっと延ばそうという根強い声が、著作権者の側にはある。延長に賛成する立場のひとたちは、こんなことをいっている。

・作品が永く評価されたら創作の意欲がわく。作品に込めた作者の思いは永遠である。
・死後五〇年だと、作者の妻子がまだ生きていることがあり、権利が切れると彼女たちの生活がおびやかされる。
・先進国のなかで、日本の保護期間は短い。国際協調すべきだ。

こういった意見に対して、延長に反対のひとたちは、こう反論している。

・死後五〇年の保護がさらに延ばされたとして、本当にそれで創作の意欲がわくのか。期間を延ばすことは、むしろ作品流通の害になる。
・死後五〇年たっても、さらなる権利収入が遺族には必要なのか。
・国際的に比較すれば日本の保護期間は短くはない。延長は世界の大勢ではなく、条約上も延ばす義務はない。

意見はこれらだけではないが、ロマン主義的な「作者」概念に頼って情に訴える意見が、賛成派に多いようだ。わたしは情に弱いタイプなので、こういう意見には心を打たれる。しかし、冷静に考えてみればおかしなことも感じる。延長賛成派の議論には、著作権ビジネスの鍵を握る者の姿がみえてこないのだ。その鍵を握る者とは、コンテンツ流通産業のことである。

著作権が延びていちばん得をするのは、著作者ではなく著作権者であり、著作物を流通させて利益を得ている会社である。コンテンツ流通産業は、情に訴える主張を著作者たちにさせて、それを利用している。皮肉なことに、著作者たちはコンテンツ流通産業から搾取されながら、その産業の利益構造を守るために担ぎ出されているのだ。創作のインセンティブを高めるためには、保護期間を延ばすことよりも、印税率を上げることを著作者は要求すべきだ。保護期間延長を求める著作者たちのあいだから、そうした声がまったく聞こえてこないのは、彼らがコンテンツ流通産業の代弁者に過ぎないことの、何よりの証拠だろう。

著作権への関心が高まり、その延長がとりざたされる背景には、日本のコンテンツ、とくにマンガ・アニメなどの人気が海外で高まったことがある。日本はこれからマンガ・アニメで立国していくのだ、そのためには権利をしっかりと守っていかなければならない——こういう思惑が産業界だけでなく首相官邸あたりにもあり、それが知財保護のためのさまざまな施策にもつながっている。

国際的なコンテンツ流通にとって当面の問題は、アジアでの日本製コンテンツの海賊版である。アニメやドラマ、映画の海賊版がアジアで幅広く流通していて、それが日本の産業に被害をもたらしているというのだ。だが海賊版は、本当に政府や産業界がいうような被害をもたらしているのだろうか？

コピーライトや著作権という仕組みは、コピーを禁止してコンテンツを稀少なものにし、それを価値の源にしようという考えから成り立っている。しかし、インターネットが登場し、コンテンツ流通に革命的な変化が起きている時代ならば、それとはまったく異なる方法で、価値を生み出すことができるはずだ。そうした新しい価値の源は、稀少性ではなく拡散性にあるとわたしは考えている。

日本のマンガ・アニメは、拡散性が価値を生み出した好例である。コンテンツの拡散が、いかに多くの表現者・支持者を生み出しているかは、世界が瞠目する巨大イベントのコミック・マーケット（コミケ）へ行けばよくわかる。コミケには毎回三万サークル以上が同人誌を出品し、三日間で五〇万人を超える一般参加者が訪れている。これほどの動員力をもつ室内イベントは、おそらく世界でほかに例がないだろう。そしてそのコミケで売買されている同人誌のほとんどは、既存のマンガ・アニメのパロディないしは翻案である。コミケでは、図像がほとんど無秩序に拡散してもいる。そこで売られている作品は、風俗を乱すものだという異論もある。しかし、それが多くのひとびとを引きつけ、新たな価値を生み出していることは、五〇万人という数字が証明している。

日本のアニメが欧米に広がったプロセスもまた、拡散性が生み出す価値を証明している。現地のファンによる無断コピー、無断上映など、あまたの著作権侵害がなくては、欧米でのいまの日本製アニメの人気はありえなかった。その具体例をあげよう。アニメの表現に精通したファンが無断でつける翻訳字幕を「ファンサブ」という。好きな連中がやっているだけに、翻訳の精度の高いものが多い。日本でアニメが放映されると、録画された動画ファイルがすぐに外国へ送られ、ファンがオリジナルの字幕をつける。放送から最初の「ファンサブ」がついてそれがファンのウェブサイトにアップロードされるまで、一週間とかからない。「ファンサブ」自体は、家庭用ビデオが普及した一九八〇年代からあった。これは立派な著作権侵害なのだが、こうした海賊行為の積み重ねのうえに、欧米での日本製アニメの人気が成り立っている。

つまり、海賊版はアジア、欧米を問わず、日本のポップカルチャーを伝え広めた原動力であり、もっとも重要な流通インフラなのだ。そして海賊版を海賊版たらしめている理由が、コピーライトや著作権にある。ひとと情報が国境を越えることが多くなれば、文化もまた国の枠を越えて「にじみ出るように」広がる。権利の保護が長ければ長いほど、「にじみ出た」コンテンツが海賊版になってしまいがちになる。

海賊版の効用は、第一にそれによって市場が形成されること、第二に価格が安いので若いファンが生まれること、第三にそのファンのなかからあらたな創作がはじまることである。海賊版を非難することはたやすい。しかし、それを違法だ、不道徳だと片づけてしまっては、この複雑怪奇な文化のダイナミズムがみえなくなってしまう。

権利を永久のものにしたいと考えるひとは、いまでもいる。著作権の延長は、永久保護を目指すベクトルのうえにあるのだろう。わたしたちは、永久コピーライトをめぐる歴史から何を学ぶべきなのか、それがこの本のテーマであった。

この本でひとつだけ結論めいたことをいうならば、コピーライトあるいは著作権がいつかは切れるという仕組みは、神や天から与えられたものではなく、文化の独占者に挑んだ「海賊」の闘いによって、勝ち取られたものだということだろう。

独占と「海賊」は、善悪の二分法で切ることはできない。両者はあくまで経済的な利益を追求していたのだが、自分たちの立場を擁護する便法として、著者の権利や読者の便宜をいってきた。両者の力と力のぶつかりあいに法律家たちの人間関係がからみあい、時代が動いてゆく――そんな歴史観を、この本では描いてみたかった。こういう書き方は、法学のひとのように、法廷での論理構成を綿密に分析することを大事にしている立場からみれば、邪道の極みだろう。しかし法廷のなかでの議論だけを追っていてはわからないことのなかに、歴史のうねりを作り出す源があるのではないだろうか。わたしの目論見がどれほど成功したかは、読者の判断にゆだねるしかない。

著作権についての本は世の中にたくさんあるが、エジンバラの「海賊」出版者ドナルドソンのことをきちんと書いたものは、英語のものをふくめて、これまでなかったように思う。どうして著作権には期限があるのか、どのようないきさつでそうなったのかが理解されていないので、ただ権利者を守るためだけの期限延長論が安易に出てくる。とくに日本の著作権史は、ただひたすらに外国の制度を取り入れてきた歴史であるせいか、議論の根本に立ち返って考える姿勢が、実務家にも研究者にも欠けているように思えて仕方ない。それも日本の文化だといってしまえば、それまでだが。

ドナルドソンのことは、二〇〇二年に上梓した『日本文化の模倣と創造』（角川書店）のなかで、少しだけ触れたことがある。著作権のことを考えるうえで彼がとても重要な人物だと、そのときからわかってはいた。だが、前著を執筆していたころには、まだ資料を調べ切れていなかった。自分なりに納得のいく調べをしたうえで、彼に焦点を当てた本をいずれ書きたいと思っていた。

『日本文化の模倣と創造』を出版した直後に、九ヶ月のあいだイギリスのケンブリッジ大学に滞在して研究する機会を与えていただいた。そのときに大学の図書館で読み漁った文献が核になって、この本ができあがった。執筆は、ケンブリッジ滞在中にすでにはじめていたのだが、三冊の単著と五冊の編書の作業を優先させたため、この本の執筆はあと回しになっていた。けっきょく、書きはじめてから脱稿まで五年近くかかってしまった。

慣れない一八世紀の英語で書かれた、それも法律関係のややこしい文献を読む作業は、わたしにとっては、まさに苦行そのものだった。英国近代史にだって、そんなに詳しいわけでもない。法律や歴史の専門家がみれば、目も当てられないようなまちがいを、部分的には犯しているかもしれない。だが、その道の大家が書いた本のなかに誤りをみつけるくらい勉強したという自信はある。事の大枠を取り損なってはいないだろうと、脱稿の開放感もあって、いまのところ楽観している。

イギリス一八世紀の議会のことを書くときは、トーリー党とホイッグ党の対立を軸にすえるのがふつうのようだ。しかし、わたしはそうした歴史叙述とは一線を画したかった。というよりも、プロの歴史家のまねごとはできないというのが、正直ないい方だろう。その理由は、この本に登場する法律家たちの政党の色わけが、完全にはわからなかったことにある。もうひとつ理由をあげるならば、どちらの党も決して一枚岩ではなかったようなので、政党のことを持ち出すと話がおそろしく複雑になり、読者に見取り図を示せなくなると思ったからである。

執筆にあたっては、できうる限り原典にあたることを心がけたが、もちろん先学の研究も大いに参考にしている。というよりも、先行研究がなければわたしがこのテーマに関心をもつことすらなかったろう。なかでも、白田秀彰さんの労作『コピーライトの史的展開』（信山社）には大いに触発された。

おそらく英米系のコピーライト史を精密に追った仕事としては、白田さんの仕事は世界的な業績だろう。これほど高度な研究を日本語で読めることを、何度ありがたいと思ったかしれない。また本書は一般の読者を想定しているため、裁判での議論の細部を大幅に割愛してある。そうしないと、本の厚さがいまの数倍になってしまい、また話が細かくなり過ぎて、読者の興味を最後までつなぎ止めておくことができないと思ったからだ。細部については白田さんの本をはじめ、参考文献をあたってほしい。

なお、本書では本文中に引用元を個別に書き入れるスタイルを採らなかった。引用元をうるさく書き入れるのは、「学問的」ではあっても読書の自然な流れを妨げると、日ごろから思っているからだ。そのかわりに、巻末の参考文献表を工夫して、その必要のある読者が引用元にたどり着けるようにした。あまり例のない形式だとは思うが、本文の読みやすさと引用元を明示する必要性の、ふたつを同時に満たす試みとして、使い勝手をみていただきたい（新註4）。

（新註4）旧版では参考文献表から本文での引用箇所がわかる独自なスタイルを試みた。結果的には、手間がかかった割りには使いにくかったので、本書では一般的な註の形式に戻した。

いつものことながら、勤務先の国際日本文化研究センター（日文研）資料課のみなさんには、文献収集などでお世話になった。一八世紀の人物調べにあたっては、インターネット上の共同編集の百科事典であるウィキペディア（英語版）に収録されている、一九一一年版『エンサイクロペディア・ブリタニカ』が大いに役立った。あまり著名でない人物は、現代のものよりもむしろ古い事典のほうにより詳しく載っていたりする。一九一一年版がウィキペディアに入っていて、自宅に居ながら参照できるのも、コピーライトが切れているからだ。権利が切れることの便益は確かにある。

岡屋純子さん、小川順子さん、岩井茂樹さん、常田律子さん、岡田亜矢さん、呉咏梅さん、チャワーリン・サウェッタナンさんにも感謝したい。このひとたちとの何げない楽しい会話に、どれほど癒されたか知れない。

出口のみえない出版不況のなかで、本書を世に出す意義を認めてくださったみすず書房、そして担当編集者の島原裕司さんに感謝する。ロラン・バルトやクロード・レヴィ＝ストロースの名著で、学生時代から親しんできた出版社が自分の本を出してくれるとは、「うれしい」のひとことにつきる。最後になったが、わたしの家族に本書を捧げたい。とくに妻の和江は、草稿段階での退屈な文体に遠慮会釈もない講評をし、改善のヒントを与えてくれた。もし本書を最後まで興味をつないで読み切ってくれた読者がいたとすれば、それはまちがいなく彼女のおかげである。わたしは家族には仕事の話はほとんどしない。ケンブリッジでの笑いあり涙ありの悪戦苦闘の日々に、このひとはこんなことを調べていたのかと、ふたりの子どもたちがいつか理解してくれたら、これ以上の喜びはない。

山田　奨治

平成一九年十一月

新版へのあとがき

本書は、『〈海賊版〉の思想――18世紀英国の永久コピーライト闘争』（みすず書房、二〇〇七）の新版である。本書では、旧版に残っていた誤植の訂正はもちろんのこと、全体を見直して資料の解釈や表現が不十分だった箇所、ぎこちない訳文や誤訳、あまりに古びてしまった部分は改め、図版を大幅に追加した。とりわけ、旧版執筆時に見落としていたロナン・ディーズリーによる研究を加味したことで、「ドナルドソン対ベケット裁判」で各裁判官がどちらを支持したかの色分けが、旧版からはやや変わっている。とはいえ、幸いにも論旨への影響はほとんどない。

旧版については二〇一一年に韓国語版が、その翌年には英語版 *"Pirate" Publishing: The Battle over Perpetual Copyright in Eighteenth-Century Britain* (2012, International Research Center for Japanese Studies) が刊行された。英語版はオープン・アクセスにしてあるので、書名で検索すればＰＤＦ形式のファイルを各種の公開サイトから無料で入手できる。もちろん、英語版で補筆した内容は本書に反映させた。

英語版を出版した二〇一二年以後、Google Books をはじめ、世界の図書館や研究機関で歴史的な資料をデジタル化して公開するプロジェクトが飛躍的に進んだ。二〇年前ならばイギリスの図書館でしか読めなかった本も、いまでは自宅からネットで読める。研究論文のデータベース化やオープンアクセス化もさかんだ。その結果、未見の資料や論文が爆発的にみつかるようになった。それは喜ばしいことであると同時に、みつかったものをすべて読み込み、咀嚼することが容易でない状況にもなった。そのため、この新版では近年の代表的な論考だけを追加するに留めた。

本書の旧版は、その後のわたしの研究を方向づけるものだった。本書で開拓した、コピーライトをめぐる争いの背景にある力学にフォーカスして、議事録からそれを読み解く手法を、つぎは日本の著作権法改正に対して応用した。そうして生まれたのが『日本の著作権はなぜこんなに厳しいのか』（人文書院、二〇一一年）と、その続編にあたる『日本の著作権はなぜもっと厳しくなるのか』（人文書院、二〇一五年）だった。これらの成果は、法や判例の解説書が多数を占める「著作権本」のなかでは、異色のものとして一定の評価をいただけたようだ。そして、わたしの「著作権シリーズ」の最新刊である『著作権は文化を発展させるのか――人権と文化コモンズ』（人文書院、二〇二一年）では、著作権法が目的とする「文化の発展」とは何かを、暴走をいとわず、よりラジカルに論じた。前二巻が近年の著作権政策を具体的に問うたのに対して、最新刊では（著作者ではなく）著作物ユーザーの人権や、文化コモンズの視点を入れて、より概念的な論述にシフトしている。また、現在はその延長として、文化コモンズの生成と変容のダイナミズムを探る共同研究をおこなっている。

旧版刊行後の著作権強化

本書の研究に本格的に着手したのは二〇〇二年ころだった、当時は、日本で著作権法の規制がつぎつぎと強化されていた。そうした趨勢に対する問題意識が研究の根底にあり、本書はまちがいなく時代性を強く帯びている。旧版の刊行以後も、日本では著作権の強化が相継いだ。施行年順に、主なものだけ拾ってみる。

二〇一〇年　違法にアップロードされた音楽と動画の私的ダウンロードを違法化
二〇一三年　違法にアップロードされた音楽と動画の私的ダウンロードを刑事罰化
二〇一八年　保護期間を七〇年に延長、一部非親告罪化
二〇二一年　違法ダウンロードの対象を全著作物に拡大

本書との関係でいえば、二〇一八年の保護期間延長の深刻さを指摘しなければならない。この問題は、二〇〇六年前後に国内で大きな議論になっていた。権利者団体などの要求を受けて保護期間延長がほぼ規定路線になりかかったとき、主に利用者サイドから懸念の声があがり、公開シンポジウムが重ねられた。そうして、保護期間延長は見送られた経緯があった。この一件は、権利者の声が通りやすい著作権行政

のあり方に一石を投じた、画期的なできごとだった。ところが、それ以後の国内での議論が進まないまま、環太平洋パートナーシップ協定（ＴＰＰ）の秘密交渉のなかで、政府は保護期間を七〇年に延長する条項を呑んでしまった。そうした経緯は、リーク文書によってあきらかになっている。この話にはつづきがある。二〇一七年一月にトランプのアメリカがＴＰＰから離脱したことにともなって、著作権保護期間延長は、最終的に条約上の義務ではなくなった。それにもかかわらず、政府はＴＰＰ関連の包括的な法改正のなかで保護期間延長を強行し、二〇一八年十二月三十日に施行された。延長強行には、ほかの事情もあった。ＴＰＰと並行して、こちらも秘密裏に交渉が進められていた日ＥＵ経済連携協定にも、保護期間を七〇年に延長する条項が入っていた。これに大枠合意したのが二〇一七年七月で、同交渉での延長合意の事実があきらかになったのが同年十一月だった。ＴＰＰで保護期間延長を余儀なくされるだろうとの見込みで、日ＥＵの交渉で安易に合意したことが疑われる。

保護期間延長のあおりをもっとも受けたのは、著作権が切れた本をボランティアがテキストファイル化し、インターネットで無料公開している「青空文庫」だろう。「青空文庫」は各種の電子ブックで活用されているのみならず、海外で日本文学を学ぶひとにとって、なくてはならないものになっている。そこに新たな著作者の作品を加えることが、二〇三九年までできなくなってしまった。保護期間延長によって、権利者不明により利用許諾が取れず、死蔵されてしまう作品が増えることも懸念されている。

保護と利用のバランス、生成ＡＩの衝撃

こうした著作権強化の一方で、反対に権利制限を増やして著作物の利用を促進する動きも、二〇一三年以後にしだいに強くなっている。「保護と利用のバランス」の観点からは、健全なことだ。こちらも施行年順に、主なものをあげておく。

二〇一三年　付随対象著作物（いわゆる「写り込み」）の利用、国立国会図書館からの図書館向けデジタル化資料送信
二〇一九年　柔軟な権利制限規定、国立国会図書館からの図書館向け送信を海外図書館に拡大
二〇二〇年　「写り込み」対象範囲の拡大、授業目的公衆送信補償金制度
二〇二二年　国立国会図書館からの絶版等資料の個人向け公衆送信
二〇二三年　図書館資料の公衆送信（補償金支払いあり）

これらのうち、日本国民にもっとも恩恵をもたらしているのは、二〇二二年からはじまった「国立国会図書館からの絶版等資料の個人向け公衆送信」だろう。このサービスは、二〇一三年以後、公立図書館などに置かれた専用パソコンからのみ利用できた絶版等資料（著作権は存続しているが、新刊市

場で入手困難になっている資料など）の大部分を、個人向けに公衆送信するものだ。これのおかげで、ユーザー登録をすれば入手困難な古い本をパソコンやスマホ、タブレットを使って無料で読むことができ、二〇二三年一月からはプリントもできるようになった。国民の知へのアクセスの自由を高めるものとして、意義深いものになっている。

本書の刊行時点で大いに話題になっているのが、二〇一九年の「柔軟な権利制限規定」である。これは、ＡＩ開発の促進に資する規定であり、先進的なものだった。惜しむらくは、ＡＩ分野でこの規定を活用した大きなイノベーションが、いまのところ日本からは起きていない。逆に、この規定を危険視して改正を求める声が、各種の権利者団体からあがっている。とりわけ日本新聞協会からは、新聞記事が生成ＡＩの学習に使われることへの危惧が出されており、一部の大新聞が生成ＡＩの「危険性」を訴える記事をさかんに載せている。また、ＡＩは著作権侵害とはいえなくても作風の似た表現を大量に生成できるので、職を奪われてしまうとの創作者たちからの訴えもある。広報媒体のイラストに生成ＡＩを使っただけで「盗作」と非難され、キャンセルに追い込まれることが起きはじめている。さらには、ＡＩが生成した著作物の利用だけではなく、現行法では基本的に可とされている無許諾の機械学習を禁止するべきとの意見が出はじめている。生成ＡＩという革新的な技術によって法改正が必要なのか、人間が著作物から学習するのはよいがＡＩが学習するのは不可にできる法的な根拠があるのか、ＡＩ生成物の公開を不可にすることと、人間による二次創作のファンアートを黙認することは両立できるのか、などが論点になりつつある。

権利制限の法改正を囲む障壁

一方で、権利制限によって法的には可能になっても、さまざまなバリアが設けられて、事実上「絵に描いた餅」になっていることもある。二〇一九年からできるようになった、国立国会図書館からの海外図書館向け送信がその典型である。国立国会図書館からのデジタル化資料送信については、関係者協議会が実際の運用を決めている。協議会のメンバーは、大半が権利者団体で国内の図書館関係者が若干名、利用者側に立って発言できる者はゼロという構成になっている。そこが出した「参入条件」は、海外の日本関係図書館の実情にまったく合わないものだった。二〇二〇年八月時点で参入できた海外図書館はわずか二館（二〇二三年一二月時点でも六館）、それも司書の監督下での閲覧のみでプリントも画面キャプチャもできなかった。監督下でのプリントが「制度的に」できるようになったのは、二〇二四年四月からだった。

二〇二〇年はじめからのコロナ禍では、海外の大学キャンパスが閉鎖され、日本からの文献コピーの郵送も滞った。海外の司書がリモートの学生と画面共有しながら同サービスを利用することも、契約で禁じられていた。図書資料へのネットアクセスが強く望まれる時代になっても、日本側は海外の需要にまったく対応できていなかった。東アジアの他国では、研究文献のネット公開が日本よりもはるかに進んでいるらしい。この時期、海外の大学院生には日本研究をあきらめ、研究対象を別の国に乗り換える者が増えたとの話も聞こえてくる。

二〇二二年から国内ではじまった「国立国会図書館からの絶版等資料の個人向け公衆送信」についても、似たようなことが起きた。法的にはその送信先を国内に限定していないにもかかわらず、例によって関係者協議会で取り扱いが後回しにされ、本書の刊行時点では海外にいる個人への公衆送信については開始の目途が立っていない。国内では、同サービスによって人文学研究の環境が大きく変わりつつある。これが世界に向けて解放されたら、海外の日本研究も革命的に加速することはまちがいない。それが知日派を増やす意味で、(このことばはあまり好きではないが)「国益」につながることもあきらかだと思う。海外に公衆送信することへの漠然とした不安や、外国の法制との整合性を気にしすぎる姿勢が関係者のあいだにあるのだとしたら、それは大局的な利益に反することになっていると思う。

著作権を緩める代わりに補償金を課す制度にも、疑問を感じることが起きている。著作権の補償金といえば、私的録音録画補償金が有名だった。これは、録音録画された著作物を私的に複製する場合でも、デジタル方式で行うならば利用者が補償金を支払う制度で、一九九二年の著作権法改正ではじまった。実際には、デジタル録音録画機器や記録メディアの価格に補償金分が上乗せされ、メーカーが補償金管理団体に支払っていた。この制度では、ホームビデオなど自分の著作物の作成や複製にしか機器やメディアを使わない場合でも、自動的に補償金が支払われることになっていた。返金制度はあったものの、申請にかかるコストと戻ってくる補償金が見合わないため、活用されることはほとんどなかった。私的録音録画補償金制度は、あるメーカーが起こした裁判によって破綻し、補償金管理団体は二〇〇八年に解散した。

二〇二〇年にはじまった授業目的公衆送信補償金制度は、学校が補償金を払えばリモート授業に著作物を利用できるなど、新型コロナ感染症が広がるなか教育を円滑に行うのに役立ったことはまちがいない。その補償金額も、小学校は児童ひとりあたり年額一二〇円、大学は七二〇円（いずれも本書刊行時点）とリーズナブルではある。しかし、これには三つの問題を感じている。第一に、大学では授業に使った著作物を教員が報告することになっているのだが、報告書に付された説明には正当な引用は除外される説明がない。高等教育の場面では、引用にあたる利用が少なくない。利用者からみれば「定額使い放題」なので、それで損をさせられるわけではないのだが、教員と補償金管理団体の手間を無駄に増やしているように思う。第二に、授業利用の全数ではなくサンプリングが行われ、かつ権利者への支払いが分野ごとの管理団体を通して行われている。当然のことながら、手続きコストが引かれて権利者への配分は目減りするし、サンプリングなので実際に利用されたぶんが、まんべんなく行きわたるものでもない。第三に、リアルな教室での教育目的であれば相当に自由な利用を許す制度設計なはずが、公衆送信にあたる行為が教員と児童・生徒・学生のあいだに挟まるだけで、利用の自由度が下げられてしまうことになる。今後リモート教育がよりスタンダードになっていくであろうことを考えると、これでよいのだろうかとの思いがある。

補償金制度の問題は、二〇二三年からはじまるはずだった、「図書館資料の公衆送信」でも起きている。これは、公共図書館などが所蔵する、著作権が存続し新刊市場で入手が容易な資料を、利用者の求めに応じて図書館側がスキャンして、利用者にメール添付で送信できるようにしたものだ。「はじまるはずだった」と書いた理由は、制度としては二〇二三年六月にスタートしたものの、権利者側と図書館側の合意が間に合わず、開始までに準備を整えることができた図書館がひとつもなかったのだ。さらに、その後もシステム開発の遅れなどにより、本書刊行時点でサービスはまだはじまっていない。サービス開始時の補償金額は、書籍ではページ単価の一〇倍で、一件あたりの最低額が五〇〇円に決まった。これは、たとえば二〇〇ページの本から二〇ページ分のスキャンと送信を図書館に依頼すると、新品が買える値段になる。古本を含め五〇〇円未満で入手できる本なら、一ページでも送信してもらうくらいなら買ったほうが安くて、おそらく早い。新聞の場合だと、一ページあたり五〇〇円で、二ページ目以降は一ページあたり二〇〇円に設定されている。それだけの金額を払ってでもメール送信してもらいたいケースがどれだけあるだろうか？　図書館側の手間も膨大になる。送信対象外資料でないことと補償金要否の確認、複製箇所の特定、資料のスキャンと管理情報を埋め込んでの送信、補償金の計算と徴収、管理団体への報告・送金などの業務負担が発生し、その費用は補償金とは別にかかる。この補償金もまた、新たに作られた管理団体が配分することになっている。しかし、スケールメリットが出るほど利用が広がらない限り、補償金から引かれる管理コストの割合が大きくなり、場合によっては赤字になってしまうだろう。こんな具合に、著作権を緩くする方向に法改正がなされても、実務レベルで障壁が設けられてしまう。また、文化庁長官の指定を受けた管理団体が業務を独占し、新たな「利権」につながるおそれもある。

総じていえるのは、法律が業界にとって不利かもしれないものになれば、状況をコントロールし、少しでも利益を得ようとする力が働くことだ。それは「アン法」の保護期間切れに対抗した一八世紀の独占書店主らもおなじ姿勢だった。

永久コピーライト闘争の再来

世界に目を向けると、永久コピーライト闘争の再来ともいえる主張が巻き起こっている。そのひとつは、伝統的文化表現の保護と利益還元をめぐる、世界知的所有機関（ＷＩＰＯ）での議論である。これは、伝統的文化表現の保護についての交渉に、薬草に代表される遺伝資源と、薬草の用法などその資源にまつわる伝統的知識の保護がセットにされて、交渉されているものだ。途上国側は、伝統的文化表現の保護とその利用からの利益還元を求めている。表現の所有や利用についての現地の慣習法を尊重するべきだと主張し、それが伝統的文化表現をもつ先住民族の人権を守ることになるともいう。かたや先進国側は、伝統的文化表現はパブリック・ドメインであり、それに権利を認めると永久の保護を与えることになりかねず、国際的なコピーライトの考え方にそぐわないと主張している。ＷＩＰＯでのこの交渉は、二〇〇〇年から中断を挟みながらつづけられているものの、交渉テクストはほぼ全文にわたって複数案が併記された状態で、合意への道筋はついていないようだ。慣習法と人権から永久コピーライトを導けるのかという、一八世紀の論争が繰り返されているのだ。交渉が難航するなか、二〇二四年五月の外交会議において、遺伝資源とそれに関連する伝統的知識の出所開示については合意された。しかし、伝統的文化表現の保護は置き去りにされている。

永久コピーライトと似たもうひとつの主張は、文化の盗用をめぐって起きている。文化の盗用とは、他の文化圏に属する表現などを借用して、文化的な文脈を変えつつ利用することをいう。とりわけ、少数派の文化を支配的な文化の側が一方的に、ときには少数派の尊厳を傷つける形で使用し、そこから得られる利益を還元しないときに問題化する。例をあげると、二〇一五年にボストン美術館がモネの絵画「ラ・ジャポネーズ」の前で、描かれたのとおなじ着物を（多くは日本国籍を持たない）来館者が着て絵画とおなじポーズをとってみる催しが開かれた。これが日本文化の盗用だとの批判を受けて企画を変更することになった。また、オーストラリア先住民の文化であるブーメランを、二〇一七年にシャネルが自社ブランドの高級アイテムとして販売したケースもある。

ＳＮＳが普及したことで、少数派の側が声をあげやすくなったことも、この問題が先鋭化している要因である。「盗用」されたという表現は、パブリック・ドメインに属することから、この主張もまた保護の永久性を指向している。文化の盗用批判の根っこには、過去の植民地支配や人種差別、そして現在の経済格差がある。それらを清算ないしは解消しない限り、文化の盗用だとの批判はこれからもやまないだろう。

海賊版の現在

海賊版の現状にも触れておかなければなるまい。ドナルドソンが売った「海賊版」は、実は合法的との意味で括弧つきだったが、こちらは真正の海賊版である。いうまでもなく、いまの主戦場はインターネットに変わっている。ネット環境があれば、いつでもどこからでも海賊版にアクセスできることから、その被害の規模が大きくなっている。マンガの海賊版サイトを運営していた者が逮捕され、実刑と巨額の損害賠償を認める判決が刑事・民事で下されてもいる。日本国内でビジネスを展開している出版社の作品を、無料だからという理由で国内のユーザーが海賊版サイトを利用することは許されない。一方で、日本のマンガが正規には流通していなかった国で、海賊版サイトによってファンが生まれる現象は確かにあった。海賊版によって市場ができたことで、あとから正規の配信がはじまったケースがある。日本国内でも、海賊版サイトの圧力によって、マンガの正規ネット配信が加速したことはいえる。マンガは紙で読むのがあたりまえだったものを、画面で読むものに変える先鞭をつけたのは、ネットの海賊版だったともいえよう。海賊版は、文化のありようを変える原動力でもある。その点に着目すれば、これは悪だと単純に切り捨ててしまうことは、文化の動態をみるうえでは必ずしも適切ではない。本書の問題提起の根本は古びていないと思う。

本書を刊行する二〇二四年は、「ドナルドソン対ベケット裁判」からちょうど二五〇年目にあたる。二月には、ロンドンで現在も形を変えてつづいている書店主組合の本拠地で記念シンポジウムが開かれた。わたしは出席できずリモート聴講に留まったものの、複数の講演者が本書旧版の英語版を引用してくれた。言及に値する本と認められ、とても光栄に思っている。

その二五〇年目の記念すべき年に新版を上梓できることは、望外のよろこびである。他社からの新版を快諾いただいた、旧版元のみすず書房に感謝したい。一七年もまえの本に新たな命を吹き込む機会をくださった、皓星社の晴山生菜さんにも深く感謝する。滞在先のケンブリッジ大学でこの研究をはじめた頃は、まだ小学生だった子どもたちも、いまは立派に成人している。この間、身近で支えあってきた妻の和江に、いつものように「ありがとう」のことばを贈りたい。

二〇二四年七月

著者しるす

索引

あ

か

さ

た

な

は

ま

や

ら

わ

参考文献

英語文献

Abrams, Howard B. 1983. "The Historic Foundation of American Copyright Law: Exploding the Myth of Common Law Copyright," Wayne Law Review 29(3): 1119–1191.

Allan, David. 2002. *Scotland in the Eighteenth Century*. Harlow: Pearson Education.

Baker, John Hamilton. 2002. *An Introduction to English Legal History*. (4th ed.) London: Butterworths LexisNexis.

Blackstone, William. 1765–1769. *Commentaries on the Laws of England*. Vol.1–4. Oxford: Clarendon Press.

Boswell, James. 1774. *The Decision of the Court of Session, upon the Question of Literary Property; in the Cause John Hinton of London, Bookseller, Pursuer; Against Alexander Donaldson and John Wood, Booksellers in Edinburgh, and James Meurose, Bookseller in Kilmarnock, Defenders*. In (Parks 1975).

Brown, Iain Gordon. 1984. *Poet and Painter: Allan Ramsay Father and Son 1684–1784*. National Library of Scotland.

________. 1988. "The Pamphlets of Allan Ramsay the Younger," *The Book Collector* 37(1): 55–85.

Buchan, James. 2003. *Capital of the Mind, How Edinburgh Changed the World*. London: John Murray.

Burrows, James. 1773. *The Question Concerning Literary Property, Determined by the Court of King's Bench on 20th April, 1769*. In (Parks 1974a).

Burton, John Hill. (ed.) 1990 (1910). *The Autobiography of Dr. Alexander Carlyle of Inveresk 1722–1805*. (first published in 1910.) Tokyo: Kinokuniya.

Campbell, Hay. 1773. *Information for Alexander Donaldson and John Wood, Booksellers in Edinburgh, and James Meurose, Bookseller in Kilmarnock, Defenders; Against John Hinton, Bookseller in London, and Alexander M'Conochie, Writer in Edinburgh, His Attorney, Pursers*. In (Parks 1975).

Cases of the Appellants. 1774. *The Cases of the Appellants and Respondents in the Cause of Literary Property, Before the House of Lords*. London: Printed for J. Bew, W. Clarke, P. Brett, and C. Wilkin. In (Parks 1975).

Cash, Arthur H. 2006. *John Wilkes: The Scandalous Father of Civil Liberty*. Yale University Press.

Catalogue of Donaldson. [1758]. *A Catalogue of Curious and Valuable Books, to be Disposed of by Way of Sale, at the Shop of Alexander Donaldson*. Edinburgh.

________. [1760]. *A Catalogue of Curious and Valuable Books, to be Sold of by Way of Sale, at the Shop of Alexander Donaldson*. Edinburgh.

________. [1762]. *A Catalogue of Valuable Books, in Different Languages and Faculties, Which Will Begin to Be Sold, by Way of Sale, at the Shop of Alexander Donaldson*. Edinburgh.

________. [1765]. *A Catalogue of Curious and Valuable Books, in Different Languages and Faculties, to be Sold (by Way of Sale) at the Shop of Alexander Donaldson*. Edinburgh.

Chalmers, Geroge and Lord Woodhouselee. 1851. *The Works of Allan Ramsay*. 3 vols. Edinburgh and London: A. Fullarton and Co.

Chitnis, Anand C. 1976. *The Scottish Enlightenment: A Social History*. London: Croom Helm.

Cochrane, J. A. 1964. *Dr. Johnson's Printer: The Life of William Strahan*. London: Routledge & Kegan Paul.

Daiches, David. 1964. *The Paradox of Scottish Culture: The Eighteenth-Century Experience*. Oxford University Press.

Dalrymple, John. 1757. *An Essay towards a General History of Feudal Property in Great Britain*. London: printed for A. Millar, in the Strand.

Deazley, Ronan. 2004. *On the Origin of the Right to Copy: Charting the Movement of Copyright Law in Eighteenth-Century Britain (1695–1775)*. Oxford, U.K. and Portland, Oregon: Hart Publishing.

Devine, T. M. and J. R. Young. (eds.) 1999. *Eighteenth Century Scotland: New Perspectives*. East Linton, East Lothian, Scotland: Tuckwell Press.

Donaldson, Alexander. 1764. *Some Thoughts on the State of Literary Property, Humbly Submitted to the Consideration of the Public*. London: Printed for Alexander Donaldson. In (Parks 1975).

Eeles, Henry S. 1934. *Lord Chancellor Camden and His Family*. London: Philip Allan.

English Reports. [1900–]. 1, 28, 96, 98. Edinburgh and London: William Green & Sons.

Feather, John. 1994. *Publishing, Piracy and Politics: An Historical Study of Copyright in Britain*. New York: Mansell.

Feltham, John. 1802. *The Picture of London, for 1803*. London: Lewis & Co.

Fifoot, Cecil Herbert Stuart. 1977 (1936). *Lord Mansfied*. Oxford: Clarendon Press. (first published in 1936, reprinted by Darmstadt: Scientia Verlag Aalen.)

Foss, Edward. 1864. *The Judges of England; with Sketches of Their Lives, and Miscellaneous Notices Connected with the Court at Westminster, from the Conquest to the Present Time. Vol.VIII*. London: John Murray. (Reprinted by New York: AMS Press in 1966).

Gibson, Andrew. 1927. *New Light on Allan Ramsay*. Edinburgh: William Brown.

Gómez-Arostegui, H. Tomás. 2014. "*Copyright at Common Law in 1774*," *Connecticut Law Review* 47(1): 1–57.

Gore-Browne, Robert. 1953. *Chancellor Thrlow: The Life and Times of an XVIIIth Century Lawyer*. London: Hamish Hamilton.

Gray, W. Forbes. 1926. "Alexander Donaldson and His Fight for Cheap Books," *Juridical Review* 38: 180–202.

Graham, Henry Grey. 1937. *The Social Life of Scotland in the Eighteenth Century*. London: A. & C. Black Ltd.

Gregory, Jeremy and John Stevenson. 2000. *The Longman Companion to Britain in the Eighteenth Century, 1688–1820*. London and New York: Longman.

Hamlyn, Hilda M. 1946. "Eighteenth-century Circulating Libraries in England," *The Library* s5-I:3–4: 197–222.

Herman, Arthur. 2002. T*he Scottish Enlightenment: The Scots' Invention of the Modern World*. London: Fourth Estate.

Heward, Edmund. 1979. *Lord Mansfield*. Chichester and London: Barry Rose Ltd.

Houston, Robert Allan. 1985. *Scottish Literacy and the Scottish Identity: Illiteracy and Society in Scotland and Nothern England 1600–1800*. Cambridge University Press.

Jeffry, Kate. (ed.) 2001. *Kenwood: The Iveagh Bequest*. London: English Heritage.

Kaufman, Paul. 1964. "A Unique Record of a People's Reading," *Libri* 14(3): 227–242.

________. 1965. "The Rise of Community Libraries in Scotland," *The Papers of the Bibliographical Society of America* 59(3): 233–294.

Kinghorn, Alexander M. and Alexander Law. (eds.) 1970. *The Works of Allan Ramsay. Vol. IV.* Edinburgh and London: William Blackwood and Sons Ltd.

Knight, Charles. 1865. *Shadows of the Old Booksellers*. London: Bell and Daldy.

Langford, Paul. (ed.) 2002. *The Eighteenth Century 1688–1815*. Oxford University Press.

Longman Companion to Britain. 2000. The Longman Companion to Britain in the Eighteenth Century, 1688–1820. London and New York: Longman.

MacLaine, Allan H. 1985. *Allan Ramsay*. Boston: Twayne Publishers.

Mann, Alastair J. 2000. *The Scottish Book Trade 1500–1720: Print Commerce and Print Control in Early Modern Scotland*. Phantassie, East Linton, Scotland: Tuckwell Press.

Martin, Burns. 1931a. *Allan Ramsay: A Study of His Life and Works.* Harvard University Press.

________. 1931b. *Bibliography of Allan Ramsay*. Glasgow: Jackson, Wylie and Company.

Martin, Burns and John W. Oliver. (eds.) 1953. *The Works of Allan Ramsay. Vol. I.* Edinburgh and London: William Blackwood and Sons Ltd.

Montgomery, George. 1997. *Silent Destiny: A Brief History of Donaldson's College*. Edinburgh: Donaldson's College.

Moritz, Karl Philipp. 1797 (1795). *Travels Chiefly on Foot, Through Several Parts of England in 1782*. London: Printed for G.G. and J. Robinson, Pater-Noster-Row, (first published in 1795); repr. (2nd ed.).

Myers, Robin and Michael Harris. (eds.) 1997. *The Stationers' Company and the Book Trade 1550–1990*. New Castle, Delaware: Oak Knoll Press.

North Briton. [1763]. *The North Briton, from No. I to No. XLVI*. New York: AMS Press. (Reprinted in 1976).

Oldham, James. 1992. *The Mansfield Manuscripts and the Growth of English Law in the Eighteenth*

Century. Vol. I, II. The University of North Carolina Press.

________. 2004. *English Common Law in the Age of Mansfield.* The University of North Carolina Press.

ODNB. [2004]. *Oxford Dictionary of National Biography.* (On-line ed.). Oxford University Press.

Parks, Stephen. (ed.) 1974a. *The Literary Property Debate: Seven Tracts 1747–1773.* New York and London: Garland Publishing, Inc.

________. 1974b. *Horace Walpole's Political Tracts 1747–1748 with Two by William Warburton on Literary Property 1747 and 1762.* New York and London: Garland Publishing Inc.

________. 1975. *The Literary Property Debate: Six Tracts 1764–1774.* New York and London: Garland Publishing, Inc.

Parliamentary History of England. [1806–1820]. *The Parliamentary History of England, from the Earliest Period to the Year 1803.* 36 vols. London: T. C. Hansard.

Patterson, Lyman Ray. 1968. *Copyright in Historical Perspective.* Vanderbilt University Press.

Phillips, Hugh. 1964. *Mid-Georgian London: A Topographical and Social Survey of Central and Western London about 1750.* London: Collins.

Plant, Marjorie. 1965. *The English Book Trade: An Economic History of the Making and Sale of Books.* (2nd ed.) London: George Allen & Unwin Ltd.

Plomer, H.R., G.H. Bushnell, and E.R. McC.Dix. (eds.)1932. *A Dictionary of the Printers and Booksellers Who Were at Work in England, Scotland and Ireland from 1726 to 1775.* Oxford University Press.

Ransom, Harry. 1956. *The First Copyright Statute: An Essay on an Act for the Encouragement of Learning, 1710.* University of Texas Press.

Reddick, Allen. 1996. *The Making of Johnson's Dictionary 1746–1773.* (Revised edition.) Cambridge University Press.

Rose, Mark. 1993. *Authors and Owners: The Invention of Copyright.* Harvard University Press.

Ross, David. 1998. *Scotland: History of a Nation.* New Lanark, Scotland: Lomond Books.

Sheridan, Richard Brinsley. 1775. *The Rivals, A Comedy.* Dublin : Printed for R. Moncrieffe.

Sinclair, John. (ed.) 1973 (1799). *The Statistical Account of Scotland 1791–1799. Vol. VII.* Reprinted by East Ardsley, Wakefield, England: EP Publishing Limited.

Skinner, Robert T. 1928. *A Notable Family of Scots Printers.* Edinburgh: Printed Privately by T. and A. Constable Ltd.

Smart, Alastair. 1952. *The Life and Art of Allan Ramsay.* London: Routledge and Kegan Paul.

________. 1992a. *Allan Ramsay: Painter, Essayist and Man of the Enlightenment.* Yale University Press.

________. 1992b. *Allan Ramsay* 1713–1784. Scottish National Portrait Gallery.

________. 1999. (Edited by John Ingamells.) *Allan Ramsay: A Complete Catalogue of His Paintings.* Yale University Press.

Smeaton, Oliphant. 1896. *Allan Ramsay.* Edinburgh and London: Oliphant Anderson and

Ferrier.
Smith, Adam. [1755]. "Review of Dr Johnson's *Dictionary of the English language*," in part 1 of *The Edinburgh Review*, [January to July 1755] : 54–65.
Smout, T. C. 1998 (1969). *A History of the Scottish People 1560–1830*. London: Fontana Press. (first published in 1969.)
Speeches or Arguments of the Judges of the Court of King's Bench, in the Cause Millar against Taylor. for Printing Thomson's Seasons. [1771]. In (Parks 1974a).
Tompson, Richard S. 1992. "Scottish Judges and the Birth of British Copyright," *The Juridical Review* 1992: 18–42.
Varma, Devendra P. 1972. *The Evergreen Tree of Diabolical Knowledge*. Washington D. C.: Consortium Press.
Walters, Gwyn. 1974. "The Booksellers in 1759 and 1774: The Battle for Literary Property," *Library* 29: 287–311.
Warburton, William. 1762. *An Enquiry into the Nature and Origin of Literary Property*. London: Printed for William Flexney. In (Parks 1974b).
Whatley, Christopher A. 2000. *Scottish Society 1707–1830: Beyond Jacobitism, Towards Industrialisation*. Manchester University Press.

日本語文献

青木康 . 1997.『議員が選挙区を選ぶ　18 世紀イギリスの議会政治』山川出版社 .
飯島啓二 . 1976.『ノックスとスコットランド宗教改革』日本基督教団出版局 .
北政巳 . 1985.『近代スコットランド社会経済史研究』同文館出版 .
________. 2003.『スコットランド・ルネッサンスと大英帝国の繁栄』藤原書店 .
木村正俊 , 中尾正史（編）. 2006.『スコットランド文化事典』原書房 .
キレーン , リチャード . 2002.『図説スコットランドの歴史』（岩井淳、井藤早織訳）彩流社 . 原書は、Richard Killeen. 1998. *A Short History of Scotland*. Dublin: Gill & Macmillan.
小林章夫 . 2001.『スコットランドの聖なる石　ひとつの国が消えたとき』日本放送出版協会 .
コリー , リンダ . 2000.『イギリス国民の誕生』（川北稔監訳）名古屋大学出版会 . 原書は、Linda Colley. 1992. *Britons: Forging the Nation 1707–1837*. Yale University Press.
コリンズ , A. S. 1994.『十八世紀イギリス出版文化史　作家・パトロン・書籍商・読者』（青木健、榎本洋訳）彩流社 . 原著は、A. S. Collins. 1927. *Authorship in the Days of Johnson: Being a Study of the Relation between Author, Patron, Publisher and Public, 1726–1780*. London: Holden.
近藤和彦（編）. 2002.『長い 18 世紀のイギリス　その政治社会』山川出版社 .
清水一嘉 . 1994.『イギリスの貸本文化』図書出版社 .

白田秀彰 . 1998.『コピーライトの史的展開』信山社 .
スミス, アダム . 2000a, 2000b.『国富論（１）（２）』（水田洋監訳）岩波文庫 . 原書は、Adam Smith. 1776. *An Inquiry into the Nature and Causes of the Wealth of Nations.*
高橋哲雄 . 2004.『スコットランド　歴史を歩く』岩波新書 .
ディキンスン , ハリー . 2006.『自由と所有――英国の自由な国制はいかにして創出されたか』（田中秀夫監訳）ナカニシヤ出版 . 原書は、Harry T. Dickinson. 1977. *Liberty and Property: Political Ideology in Eighteenth-Century Britain.* New York: Holmes and Meier Publishers.
トムソン , ジェームズ . 2002.『ジェームズ・トムソン詩集』（林瑛二訳）慶應義塾大学出版会 .
ピカード, ライザ . 2002.『１８世紀ロンドンの私生活』（田代泰子訳）東京書籍。原書は、Liza Picard. 2000. *Dr. Johnson's London.* London: Weidenfeld & Nicolson.
松園伸 . 1994.『イギリス議会政治の形成－「最初の政党時代」を中心に－』早稲田大学出版部 .
________. 1999.『産業社会の発展と議会政治－１８世紀イギリス史』早稲田大学出版部 .
ミチスン , ロザリンド編 . 1998.『スコットランド史　その意義と可能性』（富田理恵、家入葉子訳）未来社 . 原書は、Rosalind Mitchison. (ed.) 1997. *Why Scottish History Matters.* (Revised edition.) Edinburgh: The Saltire Society.
森護 . 2002.『スコットランド王国史話』中公文庫 .
ファルガスン , ウィリアム . 1987.『近代スコットランドの成立　18 – 20 世紀スコットランド政治社会史』（飯島啓二訳）未來社 . 原書は、William Ferguson. 1968. *Scotland: 1689* to the Present. Edinburgh: Oliver & Boyd.
フェザー , ジョン . 1991.『イギリス出版史』（箕輪成男訳）玉川大学出版部 . 原書は、John Feather. 1998. *A History of British Publishing.* London: Routledge.
ボズウェル, ジェームズ . 1981, 1982, 1983.『サミュエル・ジョンソン伝　１, ２, ３』（中野好之訳）みすず書房 . 原書は、James Boswell 1791. *The Life of Samuel Johnson, LL. D.* London: Charles Dilly.
ポーター , ロイ . 1996.『イングランド 18 世紀の社会』（目羅公和訳）法政大学出版局 . 原書は、Roy Porter. 1990. *English Society in the Eighteenth Century.* (revised edition.) London: Penguin Books.
ロックハート , J. G. 2001.『ウォルター・スコット伝』（佐藤猛郎ほか訳）彩流社 . 原書は、John Gibson Lockhart. 1906 (1837–1838). *The Life of Sir Walter Scott.* (originally published in 1837–1838).

註

(1) 本書全般にわたって、以下の文献を参考にした。Burton 1990 (1910). ファルガスン 1987. 松園 1994. Devine and Young 1999. Mann 2000. Langford 2002. 近藤 2002. ディキンスン 2006.
(2) Plomer 1932.
(3) Plomer 1932, pp. 77–78.
(4) Skinner 1928, pp. 3–8.
(5) Buchan 2003, p. 344.
(6) Skinner 1928, pp. 3–4.
(7) *Catalogue of Donaldson* [1758, 1760, 1762, 1765].
(8) https://biblio.co.uk/book_collecting_terminology/（2024 年 7 月 1 日閲覧）
(9) スミス 2000a, p. 45.
(10) ポーター 1996, p. 280.
(11) スミス 2000a, p. 45.
(12) 「ドナルドソン対ベケット裁判」については、主に以下の記録を参照した。*Cases of the Appellants 1774. Parliamentary History of England* [1806–1820], vol. 17. *English Reports* [1900–], vol. 1, pp. 837–849.
(13) ピカード 2002, p. 345. 原書では「ボズウェル」とある箇所を「上流の若者」と記した。
(14) Plomer 1932, pp. 171–173.
(15) Gray 1926, p. 182.
(16) Skinner 1928, pp. 30–36. Rose 1993, p. 93.
(17) ボズウェル 1981, p. 210.
(18) ボズウェル 1981, pp. 223–224.
(19) ピカード 2002, p. 345.
(20) 白田 1998, pp. 173–174.
(21) Knight 1865, p. 220.
(22) コリンズ 1994, p. 62.
(23) 18 世紀イギリスの司法制度については、(Baker 2002) を参照。
(24) 松園 1999, pp. 85–86.
(25) 松園 1999, pp. 102–103.
(26) *Cases of the Appellants* 1774, pp. 4–6.
(27) *Cases of the Appellants* 1774, pp. 15–18.
(28) *Cases of the Appellants* 1774, pp. 7–14.
(29) 第１－３章全般にわたって、以下の文献を参考にした。Plant 1965. Myers

and Harris 1997.

(30) 「アン法」の成立については、以下を参照。Ransom 1956. Patterson 1968. Rose 1993. 白田 1998. Deazley 2004.

(31) スミス 2000a, pp. 232–233.

(32) 白田 1998, p. 26.

(33) 白田 1998, p. 29.

(34) 白田 1998, p. 119.

(35) 白田 1998, p. 123.

(36) ボズウェル 1981, p. 210.

(37) 白田 1998, pp. 136–138.

(38) 白田 1998, p. 156.

(39) Feather 1994, p. 81.

(40) *English Reports*, vol. 98, pp. 210–213.

(41) *ODNB* [2004], Millar, Andrew の項。

(42) Donaldson 1764, p. 11.

(43) Donaldson 1764, p. 12.

(44) Donaldson 1764, p. 18.

(45) Donaldson 1764, p. 13.

(46) ピカード 2002, p. 344.

(47) Plomer 1932, p. 272.

(48) Walters 1974, p. 292.

(49) Donaldson 1764, p. 19.

(50) Plomer 1932, p. 260.

(51) Donaldson 1764, p. 20.

(52) ODNB [2004], Kincaid, Alexander の項。

(53) Cochrane 1964, pp. 159-169.

(54) *English Reports*, vol. 96, pp. 169–174, 180–192.

(55) Walters 1974, p. 293.

(56) 白田 1998, pp. 161–172.

(57) Deazley 2004, pp. 149–163.

(58) ボズウェル 1981, pp. 287–288.

(59) ボズウェル 1982, p. 236.

(60) ボズウェル 1982, p. 200.

(61) Smith [1755].

(62) ボズウェル 1983, pp. 217–218.

(63) ODNB [2004], Wedderburn, Alexander の項。

(64) コリー 2000, p. 132.

(65) ボズウェル 1983, p. 340.

(66) ボズウェル 1982, p. 20.

(67) マンスフィールド卿については、以下の文献を参考にした。
Foss 1864. Fifoot 1977 (1936). Heward 1979. Oldham 1992. Oldham 2004.

(68) ボズウェル 1981, p. 527.

(69) Heward 1979, p. 89.

(70) Deazley 2004, p. 130.

(71) Blackstone 1765–1769.

(72) 白田 1998, p. 108.

(73) 白田 1998, pp. 165–169.

(74) Donaldson 1764, p. 2.

(75) Warburton 1762.

(76) Donaldson 1764, pp. 21–22.

(77) Donaldson 1764, p. 23.

(78) Donaldson 1764, p. 24.

(79) Plomer 1932, pp. 185–186.

(80) ボズウェル 1981, p. 107.

(81) *English Reports*, vol. 28, p. 924.

(82) Rose 1993, p. 94.

(83) *English Reports*, vol. 98, pp. 201–257. Burrows 1773. *Speeches or Arguments of the Judges of the Court of King's Bench* [1771].

(84) Rose 1993, p. 94.

(85) ボズウェル 1981, p. 500.

(86) Gore-Browne 1953, p. 13.

(87) Gore-Browne 1953, p. 11.

(88) Fifoot 1977 (1936), pp. 46–47.

(89) *English Reports*, vol. 98, pp. 252–253.

(90) *English Reports*, vol. 98, p. 257.

(91) Deazley 2004, p. 163.

(92) Campbell 1773. Tompson 1992, pp.29–31.

(93) ピカード 2002, pp. 329–330.

(94) Skinner 1928, p. 6.

(95) *North Briton* [1763].

(96) Cash 2006, p. 119.

(97) *ODNB* [2004], Bathurst, Henry の項。

(98) *Cases of the Appellants* 1774.

(99) *Parliamentary History of England* [1806–1820], vol. 17, pp. 953–1003.

(100) *English Reports* 1900–1932, vol. 1, pp. 837–849.

(101) Deazley 2004, pp. 191–210.

(102) Gómez-Arostegui 2014, p. 18.

(103) *Cases of the Appellants* 1774, p. 19.

(104) *Cases of the Appellants* 1774, pp. 20–21.

(105) Dalrymple 1757.

(106) ボズウェル 1982, pp. 6–7.

(107) *Cases of the Appellants* 1774, pp. 21–22.

(108) *Parliamentary History of England* [1806–1820], vol. 17, p. 962.

(109) *Parliamentary History of England* [1806–1820], vol. 17, p. 963.

(110) *Cases of the Appellants* 1774, pp. 27–28. *Parliamentary History of England* [1806–1820], vol. 17, p. 965–966.

(111) 白田 1998, p. 139.

(112) *Cases of the Appellants*, pp. 30–31. *Parliamentary History of England* [1806–1820], vol. 17, p. 967–968.

(113) 白田 1998, p. 187.

(114) *Parliamentary History of England* [1806–1820], vol. 17, pp. 970–971.

(115) *Parliamentary History of England* [1806–1820], vol. 17, p. 971.

(116) *Cases of the Appellants*, pp. 32–34. *Parliamentary History of England* [1806–1820], vol. 17, pp. 972–975.

(117) Deazley 2004, p. 199.

(118) Gómez-Arostegui 2014, pp. 28–33.

(119) *Cases of the Appellants*, pp. 35–36. *Parliamentary History of England* [1806–1820], vol. 17, pp. 976–977.

(120) *Cases of the Appellants*, p. 39. *Parliamentary History of England* [1806–1820], vol. 17, pp. 980–981.

(121) Deazley 2004, pp. 200–201.

(122) *Cases of the Appellants*, pp. 40–41. *Parliamentary History of England* [1806–1820], vol. 17, pp. 980–983.

(123) *Cases of the Appellants*, p. 42.

(124) Deazley 2004, pp. 201–202.

(125) *Parliamentary History of England* [1806–1820], vol. 17, pp. 984–985.

(126) Deazley 2004, pp. 202–203.

(127) *Parliamentary History of England* [1806–1820], vol. 17, pp. 986–988.

(128) Deazley 2004, pp. 204–205.

(129) Foss 1864, p. 343.

(130) Feather 1994, p. 91.

(131) *English Reports*, vol. 98, pp. 257–267.

(132) Tompson 1992, p. 35.

(133) 白田 1998, p. 191.

(134) *Cases of the Appellants*, pp. 48–55. *Parliamentary History of England* [1806–1820], vol. 17, pp. 992–1001.

(135) *Cases of the Appellants*, p. 55. *Parliamentary History of England* [1806–1820], vol. 17, p. 1001.

(136) *Cases of the Appellants*, p. 55. *Parliamentary History of England* [1806–1820], vol. 17, p. 1002.

(137) *Cases of the Appellants*, pp. 55–56.

(138) *Cases of the Appellants*, p. 56.

(139) Rose 1993, p. 102.

(140) Fifoot 1977 (1936), pp. 46–47.

(141) Skinner 1928, p. 16.

(142) *Edinburgh Advertiser*, 1 March 1774.

(143) *Parliamentary History of England* [1806–1820], vol. 17, pp. 1078–1110. Walters 1974.

(144) *Parliamentary History of England* [1806–1820], vol. 17, p. 1095. Tompson 1992, p. 41.

(145) *Parliamentary History of England* [1806–1820], vol. 17, pp. 1097–1098.

(146) *Parliamentary History of England* [1806–1820], vol. 17, p. 1098.

(147) ボズウェル 1982, pp. 195–196.

(148) ボズウェル 1982, p. 196.

(149) ボズウェル 1981, pp. 324–325.

(150) ボズウェル 1982, p. 48.

(151) Reddick 1996, pp. 172–173.

(152) Boswell 1774.

(153) Deazley 2004, pp. 194–195.

(154) ボズウェル 1982, p. 60.

(155) ボズウェル 1982, p. 124.

(156) ボズウェル 1983, p. 1.

(157) Abrams 1983, pp. 1156–1171.

(158) Deazley 2006, pp. 23–24.

(159) Gómez-Arostegui 2014, p. 1.

(160) 第 4 章全般にわたって、以下の文献を参考にした。Graham 1937. Daiches 1964. 北 1985, 2003. ミチスン 1998. Whatley, 2000. 小林 2001. キレーン 2002. 森 2002. 木村・中尾 2006.

(161) ボズウェル 1982, p. 32.

(162) Ross 1998, p. 209.

(163) Allan 2002, p. 87.

(164) スミス 2000b, p. 120.

(165) Herman 2002, pp. 28–29.

(166) 青木 1997, pp. 34–36.

(167) 飯島 1976.
(168) Herman 2002, p. 19.
(169) Herman 2002, p. 97.
(170) Houston 1985, p. 33. ただし、引用元文献では非識字率で記されてある。
(171) コリー 2000, p. 44.
(172) Chitnis 1976, p. 18.
(173) Kaufman 1965, p. 247.
(174) Gregory 2000, p. 290.
(175) Smout 1998 (1969), p. 242.
(176) Chitnis 1976, p. 16.
(177) ボズウェル 1982, pp. 138–139.
(178) Allan 2002, p. 132.
(179) 詩人ラムジーの生涯については、以下の文献を参考にした。Chalmers and Woodhouselee 1851, vol. 1. Smeaton 1896. Gibson 1927. Martin 1931a, 1931b. Brown 1984. MacLaine 1985.
(180) Sinclair 1973 (1799), pp. 215–216.
(181) Martin and Oliver 1953, p. xv.
(182) Chitnis 1976, p. 38.
(183) ボズウェル 1982, p. 14.
(184) Plomer 1932, pp. 246–247. Kinghorn and Law 1970, p. 28.
(185) Kinghorn and Law 1970, pp. 28–29.
(186) Kaufman 1965, p. 244.
(187) Sheridan 1775, p. 27.
(188) Moritz 1797 (1795), p. 38.
(189) Varma 1972, p. 81.
(190) Varma 1972, p. 79.
(191) Kaufman 1965, p. 244.
(192) Hamlyn 1946, p. 198.
(193) Feltham 1802, p. 238.
(194) これらの研究については、（清水 1994, pp. 53–54）を参考にした。
(195) Sinclair 1973 (1799), p. 216.
(196) Kaufman 1965, p. 239.
(197) 清水 1994, p. 114.
(198) Varma 1972, p. 198.
(199) Kaufman 1964, p. 228.
(200) Kaufman 1964, p. 231.
(201) Kaufman 1965, pp. 265–266.
(202) Martin 1931a, p. 36.

(203) Kinghorn and Law 1970, p. 207.
(204) Kinghorn and Law 1970, p. 42.
(205) 高橋 2004, p. 185.
(206) Kinghorn and Law 1970, p. 312.
(207) Kinghorn and Law 1970, p. 65.
(208) Chalmers and Woodhouselee 1851, vol. 3, p. 221.
(209) Chalmers and Woodhouselee 1851, vol. 3, p. 222.
(210) Plomer 1932, p. 370. Kinghorn and Law 1970, p.65.
(211) ロックハート 2001, pp. 41–42.
(212) Kaufman 1965, p. 239.
(213) Varma 1972, p. 31.
(214) Kaufman 1965, p. 239.
(215) ロックハート 2001, p. 24.
(216) 画家ラムジーの生涯については、以下の文献を参考にした。Smart 1952, 1992a, 1992b, 1999.
(217) ボズウェル 1982, p. 520.
(218) ボズウェル 1982, p. 522.
(219) Smart 1992a, p. 7.
(220) Smart 1992a, pp. 110–111. Chitnis 1976, p. 201.
(221) Brown 1988, p. 67–71.
(222) 法律家たちの生涯については、以下の文献を参考にした。Skinner 1928. Fifoot 1977 (1936). Heward 1979. Eeles 1934. Gore-Browne 1953.
(223) コリンズ 1994, p. 235.
(224) Gore-Browne 1953, pp. 159–160.
(225) ボズウェル 1983, pp. 50–51.
(226) Jeffry 2001.
(227) Heward 1979, p. 169.
(228) Eeles 1934, p. 117.
(229) Eeles 1934, p. 180.
(230) Gore-Browne 1953, p. 357.
(231) Gore-Browne 1953, pp. 360–361.
(232) Skinner 1928, pp. 4–7.
(233) ジェームズ・ドナルドソンについては、Skinner 1928, p. 7–29.
(234) Skinner 1928, p. 5.
(235) 松園 1999, pp. 112–113.
(236) ポーター 1996, p. 303.
(237) フェザー 1991, pp. 209–210.

著者略歴

山田奨治（やまだ・しょうじ）

1963年、大阪市生まれ。国際日本文化研究センター教授、総合研究大学院大学教授。専門は情報学と文化交流史。筑波大学大学院（修士課程医科学研究科）修了。京都大学博士（工学）。（株）日本アイ・ビー・エム、筑波技術短期大学助手などを経て現職。主な著書に『禅という名の日本丸』（弘文堂、2005）、『日本の著作権はなぜこんなに厳しいのか』（人文書院、2011）、『東京ブギウギと鈴木大拙』（人文書院、2015、第31回ヨゼフ・ロゲンドルフ賞受賞）、『著作権は文化を発展させるのか――人権と文化コモンズ』（人文書院、2021）などがある。

新版

〈海賊版《かいぞくばん》〉の思想《しそう》

18世紀英国《せいきえいこく》の永久《えいきゅう》コピーライト闘争《とうそう》

二〇二四年九月十八日　初版第一刷発行

著　者　山田奨治

発行所　株式会社　皓星社

発行者　晴山生菜

〒一〇一-〇〇五一

東京都千代田区神田神保町三-一〇　宝栄ビル六階

電　話　〇三-六二七二-九三三〇

FAX　〇三-六二七二-九九二一

ウェブサイト　URL http://www.libro-koseisha.co.jp/

メール　book-order@libro-koseisha.co.jp

印刷・製本　精文堂印刷株式会社

落丁·乱丁本はお取替えいたします。

ISBN 978-4-7744-0837-8　C0030